Romanische Sprachen im heutigen Europa

Brüssel
Paris
Französisch
Lissabon
Madrid
Portugiesisch
Spanisch
Katalanisch
Barcelona
R. L. F.
Sardisch
Italienisch
Rom
Rumänisch
Bukarest

R. = Rätoromanisch
L. = Ladinisch
F. = Friaulisch

Dacia
107 n. Chr.
Tomi
29/28 v. Chr.
Thracia
46 n. Chr.
Regnum Bospori
Pontus Euxinus
Byzantium
65 v. Chr.
Philippi
Thessalonice
Pydna
Pharsalus
Troia
Pergamum
Nicomedia
Ancyra
25 v. Chr.
Cappadocia
18 n. Chr.
Armenia
114–117 n. Chr.
Asia
133/129 v. Chr.
Athenae
Ephesus
Miletus
103 v. Chr.
67 v. Chr.
Mesopotamia
115–117 n. Chr.
Regnum Parthorum
Tigris
Achaia
146 v. Chr.
Lycia
74 v. Chr.
Rhodus
74 n. Chr.
58 v. Chr.
Antiochia
63 v. Chr.
Cnossus
67 v. Chr.
Euphrates
Babylon
Internum
105 n. Chr.
Tyrus
Damascus
Iudaea
Hierosolyma
74 v. Chr.
Cyrenaica
Alexandria
Arabia
105 n. Chr.
Petra
Aelana
30 v. Chr.
Aegyptus

VIA MEA

Schülerbuch 1

Herausgegeben von
Susanne Pinkernell-Kreidt,
Jens Kühne,
Peter Kuhlmann

unter Mitwirkung von
Dieter Belde, Alfred Bertram,
Manfred Blank, Andreas Efing,
Petra Hachenburger, Gisa Lamke,
Susanne Mussmann, Thomas Neidhardt,
Andrea Sagromski, Dietmar Schmitz,
Stefan Schrade, Corinna Trümpler,
Stephanie Weck, Peggy Wittich,
Maren Wriedt

beratende Mitarbeit
Cahit Basar, Peter Broghammer,
Dieter Cherubim, Bärbel Flaig,
Werner Fortmann, Karlheinz Glaser,
Marianne Illi-Schraivogel,
Thomas von Kleinsorgen, Hartmut Loos,
Christian Marohn, Andreas Nick,
Christa Palmié, Andrea Schwacke

Dieses Buch gibt es auch auf
www.scook.de  Es kann dort nach Bestätigung der allgemeinen Geschäftsbedingungen genutzt werden.
Buchcode: wy978-mv2qo

Das Foto auf dem Umschlag zeigt eine Szene in der taberna des Saalburgmuseums.

Redaktion: Werner Schmidt
Illustration: Roland Beier, Klaus Ensikat, Jörn Hennig
Karten: Volker Binder, Christian Görke
Umschlaggestaltung: Michael Anker
Layoutkonzept und technische Umsetzung: Checkplot Anker&Röhr, Berlin
Namen- und Sachregister: Swantje Höfs, Gabriele Nick, Sarah Scherf

www.cornelsen.de

1. Auflage, 3. Druck 2016

Alle Drucke dieser Auflage sind inhaltlich unverändert
und können im Unterricht nebeneinander verwendet werden.

© 2011 Cornelsen Verlag, Berlin
© 2016 Cornelsen Schulverlage GmbH, Berlin

Das Werk und seine Teile sind urheberrechtlich geschützt.
Jede Nutzung in anderen als den gesetzlich zugelassenen Fällen bedarf
der vorherigen schriftlichen Einwilligung des Verlages.
Hinweis zu den §§ 46, 52a UrhG: Weder das Werk noch seine Teile dürfen ohne eine
solche Einwilligung eingescannt und in ein Netzwerk eingestellt oder
sonst öffentlich zugänglich gemacht werden.
Dies gilt auch für Intranets von Schulen und sonstigen Bildungseinrichtungen.

Druck: Mohn Media Mohndruck, Gütersloh

ISBN 978-3-06-120107-4

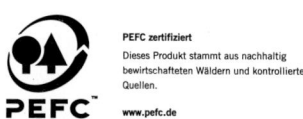

Salve!

Via mea bedeutet „Mein Weg".
Via haben wir das Buch benannt, weil es dein **Weg** in die Sprache und Welt der Römer sein soll. Dem Wort **Via** haben wir **mea** hinzugefügt, weil wir dieses Buch und die Begleitmaterialien so gestaltet haben, dass du **deinen** Lernweg finden kannst.

Dieser erste Band von **Via mea** hat 13 Lektionen. Jede Lektion außer der ersten umfasst 4 Seiten und ist in der Regel gleich aufgebaut:
Auf der ersten Doppelseite **Wir lernen die Römer kennen** findest du den lateinischen Lektionstext, in den dich ein Bild und ein deutscher Text einführen.
Die mit **INFO** gekennzeichneten deutschen Texte bieten dir weitere Informationen zum Thema der Lektion.
Nach dem lateinischen Text findest du Aufgaben:
- **a** Aufgaben in dieser Farbe beziehen sich auf den Inhalt des lateinischen Textes und sollen dir helfen, dein Verständnis des Lektionstextes zu vertiefen.
- **c** Aufgaben in dieser Farbe beziehen sich auf den neuen sprachlichen Stoff der Lektion und sollen dich anregen, ihn dir auch mit Hilfe des Grammatik-Begleitheftes selbständig zu erschließen.

Die zweite Doppelseite **Entdecken, üben und verstehen** ist dazu da, deine neu erworbenen Kenntnisse zu üben und bereits Gelerntes zu festigen.
Damit du genau weißt, was du hier übst, und Übungen selbständig auswählen kannst, ist jede Übung gekennzeichnet:
- **W** kennzeichnet **Wortschatzübungen**,
- **F** kennzeichnet **Formenübungen**,
- **S** kennzeichnet Übungen, die sich auf die **Grammatik** des **Satzes** beziehen,
- **T** kennzeichnet Übungen zur Übersetzung von **Texten** und **Texterschließung**.

Sterne * unter den Symbolen zeigen dir an, welche Art von Wissen gefestigt wird:
Ist kein Stern ausgewiesen, übst du **die Kenntnis von Fakten**,
bei * das Verständnis von **Zusammenhängen**,
bei ** die praktische **Anwendung** des Wissens.
Blaue Überschriften kennzeichnen die verbindlich vorgesehenen Übungen,
violette die zusätzlichen/fakultativen Texte und Arbeitsanregungen.
Verweise auf das Arbeitsheft am Rand zeigen dir, wo du weitere Übungen findest.

Nach in der Regel drei Lektionen kommt die Doppelseite **Überprüfe, was du kannst**.
Ein lateinischer Text und Aufgaben dazu machen dir deutlich, was du schon kannst und wie Lücken zu schließen sind. Wo das 🔍 steht, geht es darum eigene Fehler "unter die Lupe zu nehmen".
Daran schließt sich **Heute und damals** an: Bilder aus der Antike und aus unserer Welt zeigen dir Gemeinsamkeiten und Unterschiede.

Das **Übersetzungstraining** (ab S. 82) fasst zusammen und erläutert mit Beispielen, wie du lateinische Texte übersetzt und welche Möglichkeiten du hast, Vokabeln zu lernen.
Im **Vokabelverzeichnis** (ab S. 89) findest du die Vokabeln lektionsweise in der Reihenfolge ihres Vorkommens; im **Alphabetischen Namens- und Sachregister** (ab S. 111) und im **Alphabetischen Vokabelverzeichnis** (ab S. 117) kannst du lateinische Wörter und Begriffe nachschlagen.

Bene ambula!
Herausgeber, Autoren, Berater und Verlag

Inhaltsverzeichnis

Die folgenden aufgelisteten Angebote sind nicht obligatorisch abzuarbeiten. Die Auswahl der Übungen und Übungsteile richtet sich nach den Schwerpunkten des schulinternen Curriculums.

Privatleben

Seite	Lektion	Sprachkompetenz	Textkompetenz	Kulturkompetenz
8	1 In Rom	**F**: Nom. u. Akk. Sg. (a-/o-Dekl.); 3. Pers. Sg. (a-, e-Konjug. u. *esse*) **S**: Wortarten u. Satzteile; Aussagesatz und Fragesatz; Subjekt u. Akk.-Objekt; Vollverb als Prädikat	Konnektoren *(tum; autem)*; Prädikat ohne explizites Subjekt; Frage- und Aussagesätze	Römisches Haus; römische Familie
10	2 Zu Besuch bei Marcus Valerius Florus	**F**: Nom. u. Akk. Pl. (a-/o-Dekl.: Subst. u. Adj.) 3. Pers. Sg. u. Pl. (a-, e-Konjug. u. *esse*); *quis?* **S**: Wdh.: Aussagesatz und Fragesatz; Subjekt u. Akk.-Objekt; Vollverb als Prädikat; Adj. als Prädikatsnomen u. Kopula; Adj. als Attribut	Konnektoren *(itaque; sed)*; Textsorte Dialog; Latein (funktioniert ohne Artikel) versus Deutsch (Funktion der Artikel)	Leben im Haus eines Senators; Klientelwesen
14	3 Ein neuer Lehrer für Lucius?	**F**: Gen. u. Vok. (a-/o-Dekl.); 1. u. 2. Pers. Sg. u. Pl. Ind. (a-, e-, i-Konjug. u. *esse*); 3. Pers. Sg. u. Pl. (i-Konjug.); Imp. Sg. u. Pl.; Subst. u. Adj. der o-Dekl. auf *-er* **S**: Apposition; Personalpronomen	Konnektoren *(nam)*; Possessivpronomen; Sachfeld Familie	Schulwesen in Rom; Tagesablauf der römischen Kinder; lateinische Schrift
18	4 Ausflug aufs Land	**F**: Dativ (a-/o-Dekl.); Infinitiv d. Gleichzeitigkeit; Adverbien der a-/o- Dekl.; *posse* **S**: Dativ als Objekt; Dativ des Besitzers; Infinitiv als Subjekt und Objekt; Adverbiale	Konnektoren *(ibi, tandem)*	Landwirtschaft; Sklaven in Rom; Tiere; Römische Kinderspiele
22	Test Lekt. 1–4 Das Wundertier			Lucius und sein Papagei
24	Heute und damals Lekt. 1–4 Gefahren unterwegs … Imbiss und Restaurant			Leben in der Großstadt

quattuor

Inhaltsverzeichnis

Öffentliches Leben

Seite	Lektion	Sprachkompetenz	Textkompetenz	Kulturkompetenz
26	5 **Tatort Circus Maximus**	**F**: Präpositionen mit Akk.; Präsens der kons. u. kurz-i-Konjug.; *ire* **S**: Adverbiale (präp. Verbindung, Akk. d. Richtung und d. zeitl. Ausdehnung)	Konnektoren *(postea)*; Zeit- und Ortsangaben	Circus Maximus; Amphitheater; Freizeitgestaltung
30	6 **Unfall auf der Baustelle**	**F**: Ablativ **S**: Abl. des Mittels / der Art und Weise; der Trennung; des Ortes / der Zeit; Abl. mit Präposition	Sachfelder Wahrnehmung und Bewegung	Thermen; Freizeitgestaltung
34	7 **Lucius auf dem Forum**	**F**: Kons. Dekl.: Substantive (versch. Stämme) **S**: Adverbialsätze *(quod, dum, quamquam)*	Haupt- und Nebensätze; Sachfeld Staat und Politik	Kurie; Forum Romanum
40	**Test Lekt. 5 – 7 Verschwunden**			Schmuck; Thermen; Freizeitgestaltung
42	**Heute und damals Lekt. 5 – 7 Badevergnügen und mehr In der Arena – Eine halbe Runde Vorsprung**			Freizeitgestaltung

Inhaltsverzeichnis

Politik und Gesellschaft unter Augustus

Seite	Lektion	Sprachkompetenz	Textkompetenz	Kulturkompetenz
44	8 Ein Tempel für Caesar	F: e- Dekl.; Imperfekt u. Perfekt (u-, v- Perfekt) S: Gebrauch der Tempora	Tempusrelief Perfekt – Imperfekt; Sachfeld Gefühl	Cäsar und Augustus: Bürgerkrieg und Prinzipat
48	9 Vibias Hochzeit	F: Relativpronomen; *is, ea, id* (als Personal- und Demonstrativpronomen); weitere Perfektstämme S: Attributsätze: Relativsätze		Hochzeitsfeiern der römischen Oberschicht; Augustus und Tiberius
52	10 Die vielen Götter und der eine	F: Fragepartikel (*-ne, num, nonne*) S: Relativischer Satzanschluss; AcI als Subjekt und Objekt	Entscheidungsfragen; relativischer Satzanschluss	Römische Religion
56	Test Lekt. 8–10 Die Namensfrage			Pantheon
58	Heute und damals: Tempel – Kirche – Moschee			Römische Religion, Tempel, moderne Kultbauten und Religionen

Rom und die Provinzen

Seite	Lektion	Sprachkompetenz	Textkompetenz	Kulturkompetenz
60	11 Ein Brief aus Germanien	F: u-Dekl.; reflexives Possessivpronomen der 3. Person; PPP; Perfekt Passiv S: Passiv	Textsorte Brief; Sachfelder selbständig ermitteln	Römer und Germanen im Jahr 8 n. Chr.
64	12 Auf Handelsreise in Germanien	F: Substantive der gem. Dekl.; reflexives (*suus*) u. nichtreflexives Possessivpronomen der 3. Person (*eius*); Plusquamperfekt Aktiv u. Passiv S: Substantivierung der Adjektive	Textsorte Dialog versus Ich-Erzählung; nichtreflexives Possessivpronomen	Handel und kultureller Austausch zwischen Römern und Germanen
68 (fakultativ)	13 Ein Spanier in Rom	F: Adjektive der gem. Deklination; *hic* u. *ille* S: Reflexivität im AcI (*se – eum*)	Verweisfunktion (*hic* versus *ille*); kontrastierende Pronomen im AcI (*se* versus *eum*)	Leben in der Provinz Hispania – Leben in Rom; Martial

Inhaltsverzeichnis

Seite	Lektion	Sprachkompetenz	Textkompetenz	Kulturkompetenz
72	Test Lekt. 11–13 Die Römer erben ein Königreich			Provinz Asia
74	Heute und damals Leben am Limes – Leben in der Provinz			Handel, Transportwesen, Alltagsleben auf dem Landgut und beim Heer
76	Das frühe Rom – eine raue Zeit			Altrömische exempla

Anhang

Seite	
80	Übersetzungstraining: Lesen – verstehen – übersetzen
87	Tipps zum Vokabellernen
89	Vokabelverzeichnis
107	Römische Zeitrechnung; Vergleichende Zeittafel
109	Römische Zahlen und Namen
111	Namen- und Sachregister
117	Alphabetisches Vokabelverzeichnis
129	Verzeichnis unregelmäßiger Verben
131	Lösungen zu den Tests
134	Tipps zum Weiterlesen
135	Bildnachweis

Abkürzungshinweise
Nom. – Nominativ
Gen. – Genitiv
Dat. – Dativ
Akk. – Akkusativ
Abl. – Ablativ
Sg. – Singular
Pl. – Plural
m. – maskulinum
f. – femininum
n. – neutrum
KNG – Kasus Numerus Genus

Lektion 1
Wir lernen die Römer kennen: Privatleben

In Rom

Vor Kurzem ist Lucius Caecilius Flavus mit seinen Eltern und seiner Schwester Caecilia aus Ardea nach Rom gekommen. Ardea ist ein kleines Städtchen südlich von Rom. Jetzt lebt Lucius in dieser aufregenden, großen Stadt Rom, die ihm jeden Tag neue, spannende Erlebnisse bietet! Und heute ist er sogar schon vor Sonnenaufgang wach. Der Grund für seine Aufregung: Lucius hat Geburtstag und ein lieber Gast wird kommen.

1 in cubiculō
  im Zimmer

① Lūcius in cubiculō[1] stat.
   Lūcius exspectat.

② Subitō Gaius intrat.
   Gaius avus est.
   Lūcius gaudet et rīdet.

2 cubiculum
  das Zimmer

③ Lūcius avum salūtat.
   Et avus Lūcium salūtat.
   Gaius rīdet,
   Lūcium valdē amat.

④ Nunc Caecilia cubiculum[2] intrat.
   Puella gaudet et appropinquat.
   Gaius Caeciliam videt.
   Tum Caeciliam salūtat.

INFO

Wohnen in der Großstadt

In einem Einfamilienhaus zu wohnen konnten sich nur reiche Römer leisten. Einfache Leute wie Lucius und seine Familie wohnten in hohen **Mietshäusern**. Diese Wohnungen sahen anders aus als heutige: Die Familie wohnte in 1 – 2 Zimmern; es gab keine Küche, warmes Essen holte man sich von **Imbissstuben**. Ein Bad mit Toilette fehlte. Nachts wurde ein Nachttopf verwendet, tagsüber ging man in eine öffentliche **Badeanstalt** oder zu öffentlichen Toiletten. Ein solches Mietshaus nannten die Römer *īnsula* („Insel").

Wir lernen die Römer kennen: Privatleben — Lektion 1

5 Lūcius autem aliud³ videt et cōgitat:
„Quid avus portat?
Ecce, dōnum portat!"
Iterum Lūcius valdē gaudet.

3 aliud
etwas anderes

a Vergleiche die römische *īnsula* mit heutigen Wohnverhältnissen: Was ist anders, was gleich oder ähnlich?

b Du hast jetzt den Text übersetzt. Nun sehen wir uns an, wie ein Satz aufgebaut ist:
Lūcius stat.
Beschreibe zunächst, *wer* etwas tut: Dies nennt man das **Subjekt**.
Beschreibe danach, *was* die Person *tut*:   Dies nennt man das **Prädikat**.

▶ Grammatik S. 7

c Finde in den Sätzen der ersten vier Bilder jeweils Subjekt und Prädikat.
Was fällt dir im letzten Satz zum vierten Bild auf?

d Lucius' und Caecilias Eltern heißen *Calpurnia* und *Sextus*.
Wer ist der Vater und wer die Mutter? Woran kannst du das am Wortende erkennen?
Suche andere Wörter im Text, die sich in gleicher Weise unterscheiden.

e Lūcius avum salūtat. Avus Lūcium salūtat.
Wer begrüßt hier wen?

f Die Person, die man begrüßt, heißt in der Sprache der Grammatik **Akkusativobjekt**.
Woran erkennst du das Akkusativobjekt? Wie fragst du nach dem Akkusativobjekt?

▶ Grammatik S. 7

g Suche im Text zu den Bildern 3 und 4 weitere Sätze mit Akkusativobjekt.

h Handelt es sich bei *dōnum* (Bild 5) um ein Subjekt oder ein Akkusativobjekt?
Was fällt dir auf?

Loquāmur Latīnē (fakultativ)
Salvē! Salvēte!

Gut wiederholt – vorbereitet für Lektion 2

Gaius freut sich. – Lucius wartet auf den Großvater. – Caecilia ist.
I. Einer dieser drei Sätze ist nicht vollständig. Warum?
II. Wie könntest du ihn zu einem vollständigen Satz machen? Suche verschiedene Möglichkeiten. Gelingt dir dies auch mit unterschiedlichen Wortarten?

novem

Zu Besuch bei Marcus Valerius Florus

Heute möchte Lucius mit dem grünen Papagei spielen, den ihm der Großvater zum Geburtstag geschenkt hat. Er will dem Papagei das Sprechen beibringen. Aber sein Vater Sextus teilt ihm mit, dass sie heute zum Morgenempfang ins Haus des bekannten Senators Marcus Valerius Florus gehen. Diesen Morgenempfang nennt man *salūtātiō*. Florus kommt wie Lucius' Familie aus Ardea, wohnt aber schon lange in Rom. Sextus hofft, dass ihm Florus einen guten Lehrer für Lucius empfehlen kann.

Da Lucius zum ersten Mal mitkommt, erklärt ihm sein Vater, was eine *salūtātiō* ist.
„Florus war schon in Ardea für unsere Familie sehr wichtig. Er hat inzwischen in Rom Karriere gemacht. Mit seinem großen Einfluss kann er uns in vielen Angelegenheiten helfen. Er ist unser **Schutzherr**, unser *patrōnus*, und wir gehören zu seinen **Klienten**. Es gibt in Rom viele Familien, die als Klienten unter dem Schutz eines einflussreichen Patrons stehen. Einige von ihnen werden von ihrem Patron mit Lebensmitteln oder mit Geld unterstützt. Je mehr Klienten ein Patron hat, desto größer ist sein Ansehen in Rom. Die Klienten tragen ihre Bitten um Hilfe bei dem Morgenempfang, der *salūtātiō*, vor. Deshalb wollen wir Florus fragen, ob er nicht einen guten Lehrer für dich kennt."

Wir lernen die Römer kennen: Privatleben — Lektion 2

Jetzt sind sie beim Haus des Florus angekommen. Nachdem sie geklopft haben, lässt der Türsteher sie herein:

Sextus et Lūcius intrant. Vestibulum[1] magnum spectant.
Turba magna adest. Sextus et fīlius turbam vident.
Lūcius: „Quid turba exspectat?"
Sextus respondet: „Turba dominum exspectat. Clientēs[2] sunt."
5 Tum ātrium intrant. Ātrium amplum est.
Lūcius circumspectat[3]: „Multī clientēs[2] adsunt!"
Sextus: „Flōrus patrōnus magnus est. Itaque multī clientēs[2] Flōrum
exspectant. Cūnctī clientēs[2] auxilium spērant."
Lūcius iterum circumspectat[3].
10 Videt hortum amplum et peristȳlium.
Videt multōs servōs.
Servī labōrant. Multa sunt negōtia, sed servī nōn cūncta negōtia amant.
Videt clientēs[2] et fīliōs, sed nōn fīliās. Cūr fīliae nōn adsunt?
Subitō puella intrat.
15 Lūcius stupet[4]: „Quis est puella?"
Sextus: „Puella Valeria est. Est fīlia Flōrī[5]."
Subitō Lūcius puellam nōn iam videt.
Cūr Valeria nōn iam adest? Cūr nōn iam appāret?
Nunc dominus et domina appropinquant. Sextum salūtant: „Salvē!"
20 Et Sextus respondet: „Avēte!"
Cūnctī tablīnum intrant.
Lūcius gaudet – gaudium magnum est: Ecce, etiam Valeria adest!

1 vestibulum Vorraum
2 clientēs (Nom./Akk. Pl.) die Klienten
3 circumspectat (er, sie, es) schaut umher
4 stupet (er, sie, es) staunt, ist verblüfft
5 Flōrī (Gen. Sg.) des Florus

a Zähle die im Text vorkommenden Personen auf.
b Ordne die Personen aus dem Text dem Bild zu.
c Gliedere den lateinischen Text in sinnvolle Abschnitte.
   Die Zeitangaben im Text können dir dabei helfen.
d Tragt den Text mit verteilten Rollen vor (deutsch oder auch lateinisch).
e Sextus intrat. – Sextus et Lūcius intrant.
   Servus labōrat. – Servī labōrant.
   Übersetze die Sätze. Vergleiche nun die lateinischen Satzpaare.
   Beschreibe die Veränderungen in den lateinischen Sätzen.
f Wer betritt in Z. 5 das Atrium? Im Satz steht kein Substantiv als Subjekt.
   Woher weißt du die Antwort trotzdem?

▶ Grammatik S. 9
▶ Grammatik S. 11

Lektion 2 | Entdecken, üben und verstehen

1. Gut sortiert
Male die hier abgebildeten römischen Gefäße in dein Heft. Ordne die folgenden Wörter den Gefäßen zu:
stat, puella, servī, cōgitant, turbae, appāret, dominās, fīlium, adest, turbam, auxilia, respondent, avōs, labōrant, rīdet

Singular   Plural

2. Ein Wort – mehrere Bedeutungen
Übersetze. Welche Vokabelbedeutung der hervorgehobenen Wörter ist sinnvoll?
1. Dominus et domina adsunt. Et fīlia adest.
2. Gaudium magnum est. Dominus patrōnus magnus est.
3. Lūcius nōn dominam videt, sed dominum.
   Sextus dominam videt, sed nōn videt dominum.

3. Das Adjektiv – ein Chamäleon
Lege zunächst in deinem Heft die folgende Tabelle mit 5 Zeilen an:

Substantiv	Bestimmung nach KNG	Adjektiv	Verb
Turbam	Akk. Sg. fem.	magnam	videt.

Übersetzung: Er/Sie sieht die große Menschenmenge.

Trage nun nach dem vorgegebenen Beispiel die folgenden Substantive und Verben ein. Zunächst bleibt eine Spalte noch frei:
1. servī labōrant 2. ātrium intrat 3. fīliās salūtant 4. negōtia amant

  a Bestimme die vollständige Form der Substantive nach Kasus, Numerus und Genus.
  b Ergänze nun in der freien Spalte ein sinnvolles Adjektiv *magnus* oder *multus* in seiner richtigen Form. (beachte KNG)
  c Übersetze Substantiv und Adjektiv zusammen mit dem angegebenen Verb.

4. Auf die Grundform kommt es an!
Führe die Wörter, bei denen es möglich ist, auf ihre Grundform zurück:
(Beispiel: magnās → magnus, -a, -um; puellae → puella)
magnōs, puellam, etiam, gaudia, itaque, negōtium, iterum, multās, dominum, fīlia, sed, servī, subitō, fīliōs, dōna, turbae, dominās, ampla, nunc

▶ Arbeitsheft S. 10 Ü. 3

5. Von Fall zu Fall: Nominativ → Akkusativ
  a Bilde den Akkusativ zu:
      fīlius, puellae, dōnum, dominī, fīlia, gaudia, patrōnus, servī
  b Verbinde den Akkusativ nun sinnvoll mit einem der folgenden Verben:
      exspectat, salūtat, videt
  c Übersetze die Verbindung.

Entdecken, üben und verstehen — Lektion 2

6. Tauschbörse: Numerus
▶ Arbeitsheft S. 10 Ü. 4

a Ändere den Numerus: servus, salūtant, dominās, stat, magnōs, appāret
b Ändere den Numerus dort, wo es möglich ist:
   est, iterum, fīlia, gaudium, etiam, respondet
c Ändere alle Numeri, wo es möglich ist, und übersetze den neuen Satz:
   Fīlius rīdet. – Fīlia dominam spectat. – Servī negōtia magna nōn amant.

7. Streichkonzert (fakultativ)
Entscheide dich jeweils für eine der drei Formen. Begründe deine Entscheidung.
1. Servī (dominī/dominum/dominus) exspectant.
2. Servī (dominus/negōtia/turba) nōn amant.

8. Tauschbörse: Subjekt → Objekt (fakultativ)
▶ Arbeitsheft S. 11 Ü. 5

a Mache das Subjekt zum Objekt, das Objekt aber zum Subjekt.
   Passe dabei auf das Prädikat auf, das sich manchmal ändert.
   (Beispiel: Lūcius avum exspectat. → Avus Lūcium exspectat.)
   1. Domina fīlium amat.
   2. Turba dominum salūtat.
   3. Lūcius multōs fīliōs videt.
   4. Sextus et Lūcius patrōnum exspectant.
b Übersetze alle neuen Sätze.

9. Loquāmur Latīnē (fakultativ)

Ut valēs? – Bene valeō. Optimē valeō.

10. Im Deutschen ist manches anders: Artikel und Possessivpronomen
An welchen Stellen musst du in deiner Übersetzung einen (un-)bestimmten, gar keinen Artikel (der, die, das) oder ein Possessivpronomen (sein, ihr) einsetzen?
Begründe deine Entscheidung.
1. Domina fīlium amat. 2. Sextus et fīlia gaudia amant. 3. Puella appāret. Lūcium videt. Gaudium magnum est. 4. Lūcius et Sextus ātrium intrant: Servum vident. Servus labōrat.

11. Römische Spuren
Im Deutschen erkennst du viele lateinische Wörter wieder. Welche sind es?
1. Die Kaufhaus-Kette muss leider viele ihrer Filialen schließen.
2. Ich filme bei Geburtstagen gern mit meiner Videokamera.
3. Dagobert Duck ist wohl der bekannteste Multimilliardär.

Gut wiederholt – vorbereitet für Lektion 3

Attribute
Lucius sieht das neue Haus. Lucius sieht das Haus des Senators.
Du kannst jeweils ein Wort oder einen Wortblock weglassen, die Sätze bleiben trotzdem sinnvoll.
I. Um welches Wort und um welchen Wortblock handelt es sich?
II. Was erfährst du durch diese Wörter zusätzlich?

trēdecim | 13

Lektion 3 | Wir lernen die Römer kennen: Privatleben

Ein neuer Lehrer für Lucius?

Auch Valeria ist auf Lucius aufmerksam geworden. Während die Väter miteinander sprechen, werfen sich die beiden Kinder immer wieder Blicke zu. Valeria hört, dass es um Unterricht für Lucius geht. Sie selbst geht in keine Schule, sondern wird zu Hause unterrichtet. Da zupft sie ihren Vater leicht an seiner Toga und flüstert ihm etwas ins Ohr … Dann wendet sich Florus wieder seinem Klienten Sextus zu.

Flōrus: „Valeria discipula bona est, Sexte. Sed fīlia mea sōla[1] est. Dēmētrius servus magister fīliae meae est. Magister noster bonus est. Itaque etiam fīlius tuus grātus est." Lūcius gaudet et ērubēscit[2]. Etiam Valeria ērubēscit[2]. Gaudium puellae et puerī magnum est.

Nachdem die Väter ihr Gespräch beendet haben, begrüßen sich die Kinder und werden von einem Sklaven zu Demetrius gebracht:

5 Lūcius: „Salvē, Valeria!" Valeria: „Salvē, Lūcī!"
Lūcius: „Lūdum nōn amō." Valeria: „Cūr lūdum nōn amās?"
Lūcius: „Lūdum meum nōn amō, nam magister meus bonus nōn est: Nōs puerōs nōn laudat."
Valeria: „Magister meus libenter mē laudat. Sed vōs miserī discipulī
10 estis. Nam magister vester vōs nōn laudat."
Lūcius: „Nōs multī discipulī sumus. Sed tū sōla[1] es. Hīc turba puerōrum et puellārum nōn est."

Valeria: „Puerī et puellae fābulās Graecōrum libenter audiunt. Itaque magister fābulās pulchrās nārrat."
15 Lūcius: „Nōs fābulās Graecōrum nōn audīmus."
Valeria: „Cūr fābulās Graecōrum nōn audītis?"
Lūcius: „Magister noster fābulās nōn amat. Itaque fābulās pulchrās nōn nārrat."

1 sōlus,-a,-um allein
2 ērubēscit (er, sie, es) errötet

Wir lernen die Römer kennen: Privatleben — Lektion 3

Tum Lūcius et Valeria peristȳlium intrant. Dēmētrius magister Valeriam
iam exspectat.
Magister: „Sērō³ venīs, Valeria. Sed quis tū es, puer?"
Valeria: „Sextus, cliēns patris⁴, adest. Puer est Lūcius, fīlius Sextī."
Magister: „Salvēte! Sed nunc attentī este! Audīte!"
Valeria: „Attenta sum. Nam libenter tē audiō, magister."
Tum magister nārrat et nārrat, sed Lūcius nōn audit. Etiam Valeria nōn
audit. Attentī nōn sunt.
Subitō magister: „Tacēte, Lūcī et Valeria. Verba vestra audiō! Cūr nōn
tacētis? Este attentī! Mē nōn audītis."
Lūcius: „Egō taceō, sed ... "
Magister: „Tacē et audī, Lūcī! Nōn tacēs. Es attentus! Nunc, Valeria et
Lūcī, notāte⁵ litterās: AMŌ, AMĀS, AMAT, AMĀMUS, AMĀTIS,
AMANT." Lūcius et Valeria litterās notant⁵. Tum Valeria litterās Lūciī
videt et rīdet. Etiam Dēmētrius videt tabulam puerī et litterās: TĒ AMŌ.

3 sērō (Adv.) zu spät

4 cliēns patris (Gen. Sg.) ein Klient meines Vaters

5 notat (er, sie, es) schreibt

INFO

Schule bei den Römern

Die meisten Kinder lernten ab dem 7. Lebensjahr nur **Lesen**, **Schreiben** und **Rechnen** in der fünfjährigen **Elementarschule** (*lūdus*). Sie gingen zu einem Lehrer, der einen Unterrichtsraum gemietet hatte. Der Raum war zur Straße oder dem Forum hin offen oder durch einen Vorhang abgetrennt. Die Kinder saßen auf Hockern, der Lehrer auf einem erhöhten Sitz. Der Unterricht begann frühmorgens und endete nach einer Pause am Spätnachmittag. Jungen und Mädchen lernten gemeinsam. Die Lehrer tadelten die Kinder häufig oder verprügelten sie. Als Belohnung für gute Leistungen erhielten die Kinder manchmal Süßigkeiten. Hausaufgaben gab es nicht, die Sommerferien dauerten von Ende Juli bis Mitte Oktober. Lehrer verdienten nur wenig Geld. Reiche Eltern ließen ihre Kinder lieber zu Hause von einem Privatlehrer unterrichten, einem griechischen Sklaven oder Freigelassenen wie Demetrius. Bei ihm lernten die Kinder auch Griechisch.
Wer es sich leisten konnte, schickte seine Kinder mit 12 Jahren in die **Literaturschule**. Dort beschäftigten sie sich mit Werken lateinischer und griechischer Dichter. Wer sich politisch betätigen wollte, ging ab 16 in die **Rhetorikschule** und lernte, wirkungsvolle Reden zu halten.

Lehrer und Schüler; Darstellung auf einem römischen Grabstein

a Nenne die im Lektionstext vorkommenden Personen. Was erfährst du über sie?
b Gliedere den Lektionstext in sinnvolle Abschnitte und suche eine passende Überschrift für die einzelnen Abschnitte. Begründe deine Entscheidungen.
c Lucius schreibt in einem Brief an seinen Freund Publius in Ardea, was er in Rom erlebt. Schreibe seinen Brief weiter: „Lucius grüßt seinen Freund Publius! Seit Kurzem wohnen wir in Rom ..."
d Im Lektionstext finden mehrmals Gespräche zwischen zwei Personen statt (Dialog). Woran erkennst du dies?
e Suche die Verbformen im Dialog heraus. Achte auf neue Formen.
f Im Lektionstext zeigen dir einige Formen ein Besitzverhältnis auf die Frage „wessen?" an, z. B. Zeile 2 *magister fili-ae* („der Lehrer der Tochter"): Suche weitere Beispiele für Genitivformen im Text und markiere jeweils die Endungen.

▶ Grammatik S. 14

quīndecim

Lektion 3 — Entdecken, üben und verstehen

1. Das Wort – ein weites Feld
Knüpfe ein lateinisches Wort-Netz zum Begriff *Schule*. Suche passende Wörter im Text.
Beispiel: Zu *Familie* gehören z. B. die Wörter avus, fīlius, fīlia, dominus, domina usw.

2. Gut sortiert
a Ordne die Wörter aus dem Wortvorrat dem Topf mit der jeweils richtigen Wortart zu.
puellās   nārrāmus   negōtia   bona   videt   veniunt   magister   pulchrum
laudātis   amīcōs   respondēmus   gaudiōrum   amō   magnī   tacent   audīs
fābulae   labōrās   spectant   turba

Verben   Substantive   Adjektive

▶ Arbeitsheft S. 16 Ü. 3b

b Sieh dir den Topf mit den Verben noch einmal an und sortiere sie in drei weitere Töpfe nach den Konjugationen.

ā-Konjugation   ē-Konjugation   ī-Konjugation

3. Auf die Grundform kommt es an
a Bestimme die folgenden Substantive nach Kasus, Numerus und Genus:
(Tipp: Achte auf Mehrdeutigkeiten!)
litterās, puerōs, magistrōrum, fīliārum, negōtia (2), puellās, gaudiī, tabulam

b Führe sie auf ihre Grundform zurück. (Beispiel: litterās → littera: der Buchstabe)

4. Was ist was?
a Bestimme die Formen von puella und magister bonus in ihrem jeweiligen Satzzusammenhang nach Kasus, Numerus und Genus.

b Übersetze die Sätze.

1a. Puellae veniunt.   1b. Magistrī bonī veniunt.
2a. Puellās videō.   2b. Magistrōs bonōs videō.
3a. Negōtia puellae magna sunt.   3b. Negōtia magistrī bonī magna sunt.

▶ Arbeitsheft S. 17 Ü. 6a

5. Von Fall zu Fall: Nominativ → Genitiv
a Bilde den Genitiv Singular zu:
domina, servus, puer, magister, discipula

b Bilde sinnvolle Verbindungen der Genitive mit folgenden Substantiven:
negōtium / fābula / avus

c Übersetze die Ausdrücke.

d Setze die Ausdrücke in den Plural und übersetze dann noch einmal.

6. Tauschbörse: Numerus
Ändere jeweils den Numerus. (Beispiel: nārrās → nārrātis)
1. nārrās   2. discipulī (2 mögliche Formen)   3. fābulās   4. taceō   5. puellae (2)
6. litteram   7. vidēmus   8. servōs   9. laudātis   10. audit   11. nārrā   12. tacēte

Entdecken, üben und verstehen | Lektion 3

7. Das kommt mir spanisch vor
Una[1] chica[2] española cuenta[3]: „Nuestro profesor es bueno. Nosotros somos alumnos[4] atentos."

1 una ein(e)
2 chica Mädchen
3 cuenta erzählt
4 alumnos Schüler

a Suche aus dem Text alle Wörter heraus, die du aus dem Lateinischen herleiten kannst, und stelle spanische und lateinische Wörter einander in einer Tabelle gegenüber.
b Übersetze den kleinen Text ins Deutsche.
c Um welche Wortart handelt es sich bei *nosotros*? Wie heißt die lateinische Entsprechung?

8. Der Zahn der Zeit
Am nächsten Tag beginnt der Unterricht des Demetrius wieder. In einem Gespräch zwischen dem Lehrer, Valeria und Lucius waren ausgerechnet die Pronomen nicht richtig zu verstehen.

a Füge die jeweils richtigen Pronomen ein.
b Übersetze die Sätze.
   Magister: „... exspectō, Lūcī et Valeria."
   Valeria: „Cūr ... iam exspectās? Nōn sērō[5] venīmus."
   Lūcius: „Libenter ... audīmus."
   Magister: „Bonī discipulī estis. Nam libenter ... audītis."

5 sērō (Adv.) zu spät

9. Loquāmur Latīnē (fakultativ)
Valē! Valēte!   Germānus sum. Germāna sum.

10. Im Deutschen ist manches anders
a Übersetze folgende Sätze:
   Flōrus: „Cūr servōs tuōs nōn laudās, Sexte?"
   Sextus: „Servī meī nōn labōrant. Itaque servōs meōs nōn laudō. Sed servī tuī bonī sunt." Itaque Flōrus servōs libenter laudat, Sextus servōs nōn laudat.
b Begründe, wann im Lateinischen das Possessivpronomen gesetzt wird und wann es fehlen kann.

11. Römische Spuren
In folgenden Sätzen erkennst du viele lateinische Wörter. Welche?
1. In Fabeln gibt es oft eine „Moral von der Geschicht´".
2. Manche Menschen denken nur an sich, sie sind egoistisch.
3. Peters Eltern fahren oft mit der Bahn und haben viele Bonuspunkte gesammelt.

Gut wiederholt – vorbereitet für Lektion 4

Der Patron unterstützt seine Klienten.
I. Das Verb *unterstützen* muss man mit einem Akkusativobjekt ergänzen, um einen sinnvollen und grammatikalisch richtigen Satz zu erhalten. Mit welchen Objekten werden die folgenden Verben verbunden: *bewohnen, helfen, essen, sehen, folgen*?
II. Bilde sinnvolle Beispielsätze im Deutschen. Benenne die Objekte.

septendecim | 17

Lektion 4 — Wir lernen die Römer kennen: Privatleben

Ausflug aufs Land

Heute darf Lucius die Familie des Marcus Valerius Florus auf ihr Landgut begleiten. Dort soll der Getreide- und Fruchtbarkeitsgöttin Ceres zum Dank für die gute Ernte ein Opfer dargebracht werden. Deshalb reist die Familie zu ihrem Landgut in die Albaner Berge. Der Weg kommt Lucius fast endlos lang vor; doch schließlich liegt das Reiseziel in greifbarer Nähe:

1 rūsticus, -a, -um Land-
2 vīlicus, -ī m. Verwalter
3 ancilla, -ae f. Sklavin

Dēmētrius: „Iam vīllae rūsticae[1] nostrae appropinquāmus. Ibī multī servī labōrant: Aliī frūmentum apportant, aliī vōbīs cibōs parant. Ecce, vīlicus[2] appropinquat."
Vīlicus[2]: „Salvē, domine! Salvēte! Intrāte vīllam.
5 Servī et ancillae[3], cibōs bonōs apportāte!"
Iam alia ancilla[3] dominō et dominae vīnum, alia puerīs aquam apportat. Servī ancillīs[3] adsunt et cibōs apportant.
Tum vīlicus[2] dominō nārrat: „Tibī multī servī sunt. Saepe negōtia servōrum dūra sunt. Sed servīs tuīs dūra negōtia nōn placent; itaque
10 nōnnumquam miserī sunt. Cūr servīs nōn ālia negōtia dās?"

INFO

Römische Landgüter
Auf dem Bild seht ihr ein Landgut (*vīlla rūstica*). Die Wohn- und Schlafräume (*cubicula*) für die Familie des Gutsherrn sowie die Unterkünfte für die Sklaven, die Ställe, Scheunen und Vorratsräume sind meist in einem einzigen Gebäude untergebracht. Nach der Ernte sind die Vorratsräume (*cellae*) der *vīlla rūstica* gut gefüllt. Die Sklaven, die auf den Feldern arbeiten, werden von einem **Gutsverwalter** (*vīlicus*) beaufsichtigt. Auch er ist ein Sklave. Er kümmert sich um die Verwaltung des Hofs und beaufsichtigt auch die übrigen Sklaven.

duodēvīgintī

Wir lernen die Römer kennen: Privatleben — Lektion 4

Während Florus und sein Verwalter die Arbeitsverteilung besprechen, erkunden die Kinder das Landgut. Plötzlich taucht ein junger Hund auf. Er gefällt Valeria sofort. Um ihr eine Freude zu machen, versucht Lucius den Hund zu fangen. Doch der junge Hund entwischt ihnen in die Vorratskammer.

Līberī iam cellam⁴ vīllae rūsticae¹ intrant et attentē circumspectant⁵.
Valeria: „Ubī catulus est? Catulum pulchrum vidēre nōn iam possum."
Etiam puer catulum vidēre nōn potest.
Cōgitat: „Catulus Valeriae placet. Mihī placet adesse Valeriae, amīcae
15 meae. Sed ubī catulum reperīre possum?"
Tandem Lūcius catulum audit. Nam lātrat⁶. Lūcius catulō cautē
appropinquat et catulum captat et valdē gaudet: „Nunc catulum teneō et
libenter tibī dō." Etiam Valeria gaudet.
Subitō cella⁴ obscūra est: Porta cellae⁴ nōn iam aperta est. Sed līberī
20 portam magnam aperīre non possunt. Itaque clāmant et catulus lātrat⁶.
Sed servī līberōs nōn audiunt.
Valeria: „Cūr nōs nōn audiunt? Cūr nōbīs nōn adsunt?"
Iterum clāmant. Sed servī nōn veniunt. Valeria et Lūcius exspectant.
Timent et attentē audiunt. Itaque tacent, sed catulus lātrat⁶.
25 Tandem virum audiunt: „Ubī estis, līberī? Cūr vōs portam aperīre nōn
potestis?" Lūcius respondet: „Egō et Valeria portam aperīre nōn
possumus, nam magna est. Nōbīs ades et portam magnam aperī!"
Vir portam cellae⁴ aperit. Nunc līberī gaudent, catulus lātrat⁶.

4 cella, -ae f. Vorratsraum
5 circumspectāre sich umschauen, umherschauen
6 lātrāre bellen

a Auch heute noch wird für eine gute Ernte gedankt. Wie wird bei uns das Erntedankfest gefeiert?

b Welche Räume besaß ein Landgut und wozu dienten sie? Vergleiche den Aufbau der *vīlla rūstica* mit einem heutigen Bauernhof.

c Im ersten Textabschnitt (Z. 1–7) werden die Gäste mit Speisen und Getränken versorgt. Suche heraus, wem jeweils Speisen und Getränke gebracht werden. An welchen Endungen der Wörter kannst du das erkennen?

d Līberī attentī sunt. Līberī attentē circumspectant.
Das gleiche Wort, aber auf zweierlei Arten verwendet: Erläutere den Unterschied!

e Schon vor der Übersetzung kannst du erkennen, worum es im zweiten Abschnitt des lateinischen Textes geht. Welche Personen sind dort (Z. 11–28) genannt?

f Häufig vorkommende Wörter verraten dir schon Wichtiges über den Inhalt des Textes. Welche Wörter kommen im zweiten Abschnitt des lateinischen Textes (Z. 11–28) besonders oft vor?

g Was verraten dir die erwähnten Personen und die häufig vorkommenden Wörter über den Text?

▶ Grammatik S. 16–17

▶ Grammatik S. 19

Lektion 4 — Entdecken, üben und verstehen

1. Gut sortiert! Jetzt auch mit Dativ ...

a Ordne die folgenden Wörter den Gefäßen zu:

▶ Arbeitsheft
S. 19 Ü. 3
S. 20 Ü. 1

Substantive   Adjektive   Pronomen

portae, attentī, vōbīs, amīcīs, magistrō, negōtia, līberīs, puerōs, cūnctīs, tibī, fīliīs, vīllae, dominō, magnō, nostrae, vōs, bonum, aqua, discipulārum, miserīs, auxiliō, mihī

b Kennzeichne die möglichen Dativformen.

2. Auf die Grundform kommt es an!

vīna (2 mögliche Formen) – grātus
portae (3)   – multōrum (2)
discipula   – dūrī (3)
servōrum   – attenta (3)
puer   – magnae (3)
magistrī (2)   – bona (3)

a Bestimme die Substantive und Adjektive nach Kasus, Numerus und Genus.
   (Tipp: Achte auf Mehrdeutigkeiten! 2 oder sogar 3 Formen können gleich aussehen.)
b Ordne den Substantiven ein sinnvolles Adjektiv zu (beachte KNG); alle Wörter dürfen nur einmal verwendet werden.
c Führe die Wortblöcke auf den Nominativ Singular zurück und übersetze:
   Beispiel: servōs → Akk. Pl. m; miserōs → Akk. Pl. m; servus miser – der unglückliche Sklave

3. Streichkonzert I

Entscheide dich jeweils für eine der drei Formen, damit sich ein sinnvoller Satz ergibt. Schreibe diesen Satz in dein Heft und übersetze.
a Servus (dominam/dominae/domina) aquam apportat.
b Subitō (negōtia/porta/vīlla) aperta nōn iam est.
c Negōtia servōrum (attenta/dūrum/dūra) sunt.
d Negōtia (servīs/servōs/dominō) nōn placent.
e (Puer/Turba/Puella) pulchra portam (aperīre/audīre/reperīre) nōn potest.
f Vīlla (dominus/dominum/dominō) est.
g Multa negōtia (lūdō/servīs/servī) sunt.

4. Ein Wort – mehrere Bedeutungen

Übersetze. Welche Bedeutung passt hier?
a Vir Lūciō et Valeriae adest. Itaque puerī virō grātī sunt.
b Lūcius puer magistrum nōn timet. Nam Dēmētrius magister dūrus nōn est.
c Negōtia dūra servīs grāta nōn sunt.

Entdecken, üben und verstehen | Lektion 4

5. Ein Verb steht nicht gern allein

a Übersetze die folgenden Verbformen:
laudat – apportāre – labōrātis – dō – clāmāmus – reperīre – timent – aperit – nōn placet – respondet – captat – potes – spectāmus – spērātis – audīmus – veniō – possunt – nārrat – tacēs – adsumus

b Verben können entweder kein oder ein oder zwei Objekte bei sich haben. Entscheide, welche dieser Verben ganz ohne Objekt auskommen oder mit einem bzw. zwei sinnvollen Objekten verbunden werden. Bilde fünf sinnvolle Sätze:
discipulum – cibōs – magistrō – amīcīs – vīllam – auxilium – fābulās – servīs – dominō – catulum – portam – tabulam

6. Hier Latein, dort Englisch

a Die folgenden lateinischen Sätze passen zur Handlung des Lektionstextes (Z. 19–28). Ordne den lateinischen Sätzen ihre passenden englischen Sätze zu:

	The door is big. Open the big door.
Sed līberī portam magnam aperīre nōn possunt.	
	Valeria and Lucius listen carefully.
Porta magna est. Portam magnam aperī.	
	But the children can't open the big door.
Valeria et Lūcius attentē audiunt.	

b Beschreibe, wie die englische Sprache deutlich macht, ob es sich um ein Adjektiv handelt oder um ein Adverb.

7. Streichkonzert II

Welche Übersetzung ist richtig? Entscheide dich und begründe.
Tandem Lūcius et Valeria puerī portam magnam aperīre possunt.
a Endlich können die Jungen Lucius und Valeria die schwere Tür öffnen.
b Die Kinder Lucius und Valeria können die große Tür endlich öffnen.
c Endlich können die Kinder Lucius und Valeria die schwere Tür öffnen.
d Lucius und Valeria, die Kinder, können nun die große Tür öffnen.
e Die Kinder Lucius und Valeria können endlich eine große Tür öffnen.

8. Römische Spuren

Erkläre die folgenden Fremdwörter. Von welchen lateinischen Wörtern kommen sie? Was bedeuten sie?
a Der Hund apportiert den Ball.
b Am Hauptportal der Kirche sind umfangreiche Verzierungen zu sehen.
c Viele Kinder besitzen zu Hause ein Aquarium.

Gut wiederholt – vorbereitet für Lektion 5

Lucius und Valeria haben den Hund kreuz und quer über das Gut verfolgt: Vom Haus liefen sie über den Hof bis zu den Ställen, dann wieder zurück zum Haus und gelangten schließlich in den Vorratsraum.
Hier erfährst du etwas über den Weg, den Lucius und Valeria zurückgelegt haben. Welche Ausdrücke geben im Deutschen die Richtung ihrer Verfolgungsjagd an?

Test Lektion 1 – 4

Das Wundertier

Lucius freut sich über das Geschenk seines Großvaters sehr. Leider spricht der Papagei nicht. Lucius bemüht sich, ihm durch Vorsprechen einige Wörter beizubringen. Wie schön wäre es, wenn der Papagei Valeria als *bella puella* „schönes Mädchen" begrüßen würde! Lucius übt diese Worte mit dem Vogel immer wieder, aber bislang ohne Erfolg …

1 psittacus, -ī m. Papagei
2 bellus, -a, -um hübsch, schön
3 bēstia, -ae f. wildes Tier
4 valē! Tschüss! Leb wohl!

Lūcius: „Attentus es, psittace[1]! Clāmā: Bella[2] puella!"
Psittacus[1] clāmat: „Bē….bē…!"
Ecce, Quīntus, amīcus Lūciī, appropinquat.
Psittacum[1] attentē spectat: „Quis tū es, bēstia[3]?"
5 Lūcius: „Psittacus[1] est. Cūr, psittace[1], amīcum meum nōn salūtās?"
Psittacus[1] clāmat: „Bē… bē… – bēstia[3]!" Tum Quīntus: „Dōnum avī tuī mihī nōn placet. Psittacum[1] libenter spectō, sed nōn libenter audiō. Valē[4]!" Ecce, Valeria venit. Lūcius verba psittacī[1] timet. Subitō psittacus[1] clāmat: „Be… be… – bella[2] puella!"
10 Nunc et Valeria et Lūcius gaudent.

Überprüfe, was du kannst — Lektion 1-4

Textvorerschließung

Verschaffe dir einen Überblick – wovon handelt der Text?
a Welche Informationen geben dir die Überschrift, der Einleitungstext und das Bild?
b Welche Personen kommen im Text vor?
c Wo spielt der Text?
d Welche Wörter kommen im Text häufig vor?
e Formuliere eine Vermutung: Gelingt Lucius' Vorhaben?

Trage aus den Lektionen 1–4 zusammen, was du schon zu folgenden Themen weißt:
Lucius und sein Papagei, die handelnden Personen.

Übersetzungstraining

Gliedere den Text:
In welche Teile kannst du diesen Text gliedern? Begründe deine Entscheidung.

Stelle dir die Handlung der Geschichte möglichst gut vor.
Wie begrüßt der Papagei Quintus? Warum benutzt er wohl gerade dieses Wort?
Als Quintus kommt, sagt Lucius: „Cūr, psittace[1], amīcum meum nōn salūtās?"
Als Valeria kommt, heißt es: „Lūcius verba psittacī[1] timet."
Wie kannst du dir jeweils das Verhalten des Lucius erklären?

Übersetzung

Übersetze diesen Text.

Sprachbetrachtung

Vergleiche deine Ergebnisse mit der Lösung auf S. 131.
a Falls du eine abweichende Erwartung für den Inhalt des Textes hattest: Welche Hinweise des Textes hast du falsch gedeutet? Was hilft dir, das Textthema herauszufinden?
b Welchen Vorteil hat es dir beim Übersetzen verschafft, dass du eine Vorstellung von dem Inhalt hattest?

Hattest du Schwierigkeiten, deinen Vorschlag für die Gliederung des Textes zu begründen? Dann lies im Übersetzungstraining S. 83 nach, welche gliedernden Merkmale es gibt.

Versuche, die Art deiner Fehler zu unterscheiden:
Bei zu vielen Vokabelfehlern: Wiederhole die Vokabeln der Lektionen 1–4.
Bei zu vielen Formenfehlern: Schau im Grammatik-Begleitheft auf S. 6–9 und 12–17 nach.

An welchen Textstellen hat dir deine Kenntnis der Vorgeschichte dieses Textes weitergeholfen?

Gefahren unterwegs ...

Jugendliche im Straßenverkehr (Regensburg)

1. Erzähle von Gefahren in der Großstadt, die du schon selbst erlebt hast.

Sehr viele sterben hier durch Schlaflosigkeit. ... Der Grund dafür: Die vielen Wagen in den engen Kurven und auf dem holprigen Pflaster und das Gebrüll der Tierherden.
Wenn wir es eilig haben, steht uns immer einer im Weg; der eine rammt uns von hinten, ein anderer stößt uns mit dem Ellenbogen oder mit einer Latte, ein dritter haut einem eine Latte an den Kopf. Mit Dreck beschmiert sind die Beine bis oben, Fußtritte bekommt man von allen Seiten und bald tritt man in den Nagel eines Soldatenstiefels.
(nach Juvenal)

2. Vergleiche die Zustände auf den Straßen Roms mit denen in modernen Großstädten.

Heute und damals | Lektion 1–4

Imbiss und Restaurant

Theke eines Imbissstandes in Pompeji

Kinder in römischer und moderner Kleidung in der taberna des Saalburgmuseums

Türkisches Restaurant in Berlin

Imbiss Curry 36 in Berlin Kreuzberg

 1. Vergleiche das Fastfood-Angebot in der Antike und heute. Was fällt dir auf?

Lektion 5 | Wir lernen die Römer kennen: öffentliches Leben

Tatort Circus Maximus

Nach dem Aufenthalt in den Albaner Bergen ist die Familie in die Stadt zurückgekehrt. Im September finden die *Lūdī Rōmānī* statt. Das sind mehrtägige religiöse Feiern mit Theateraufführungen, Sportveranstaltungen und Wagenrennen. Alle freuen sich auf das Fest. Besonders Lucius ist ein großer Fan der Wagenrennen.

Rekonstruktionszeichnung eines Wagenrennens im Circus Maximus: Rechts sind die Wendemarken zu sehen.

1 māne (Adv.) morgens

Māne[1] Lūcius rūrsus per Rōmam it. Subitō Aulum amīcum videt.
Aulus: „Quō īs, Lūcī?"
Lūcius: „Ad Circum eō, equōs spectāre dēsīderō."
Aulus: „Cūr equōs vidēre dēsīderās?"

2 imprīmīs (Adv.) besonders

5 Lūcius: „Equī mē dēlectant. Imprīmīs[2] Victor equus mihī placet.
Itaque in Circum īre iuvat."
Aulus: „Etiam mē equī dēlectant."
Itaque amīcī ad Circum eunt.

3 stabulum, -ī n. Stall

Prope stabula[3] Circī equōs pulchrōs clārōsque vident et spectant.
10 Nam Lūdī Rōmānī adsunt et puerī equōs lūdōsque amant.
Iam puerī stabulum[3] equōrum intrant. Multōs equōs vident, sed Victor nōn adest. Servum reperiunt.
Lūcius: „Ubī est Victor? Cupiō equum vidēre. Cupimus equum spectāre."
15 Servus autem respondet: „Victor? Ah, nōn adest! Mē miserum ..."
Subitō etiam dominus equī stabulum[3] intrat.
Dominus: „Victor abest! Serve, tū attentus nōn es. Equum quaere!"
Tum dominus discēdit. Servus timet et tacet. Lūcius et Aulus servō adesse cupiunt. Lūcius servō: „Equum quaerere cupimus."

Wir lernen die Römer kennen: öffentliches Leben — Lektion 5

20 Iam puerī equum quaerunt. Multās hōrās per stabula³ equōrum eunt. Ecce, Victor adest – et vir īgnōtus equō cibum dat. Subitō vir puerōs videt et statim fugit. Tum equum ad servum dūcere cupiunt. Sed Victor īre nōn potest.
Aulus: „Quid est? Cūr īre nōn potest?"
25 Lūcius: „Statim ad mēdicum currere dēbēmus." Posteā medicus venit, equum spectat, clāmat: „Vēnēnum!" Itaque equō medicīnam dat.

Postrīdiē⁴ puerī rūrsus in Circum veniunt. Nunc multī Rōmānī adsunt et multī rūsticī⁵ Rōmam veniunt. Nunc equī currunt. Aulus autem: „Ubī est Victor? Equum vidēre nōn possum. Equum quaerō ."
30 Lūcius: „Ecce! Ibi currit Victor. Victor! Victor! Iam victor est!"

3 stabulum, -ī n. Stall
4 postrīdiē (Adv.) am folgenden Tag
5 rūsticus, -ī m. Bauer, Landbewohner

INFO

Freizeitveranstaltungen im antiken Rom
Im antiken Rom gab es spektakuläre Freizeitveranstaltungen mit sehr vielen Zuschauern. Dazu zählten vor allem Wagenrennen und Gladiatorenspiele.
Bei den **Wagenrennen** kämpften in der Regel vier Rennställe *(factiōnēs)* mit ihren Gespannen um den Sieg. Die Wagen wurden jeweils von vier nebeneinander eingespannten Pferden gezogen. Die Rennställe waren an ihren Farben zu erkennen (rot, grün, weiß, blau). Die Wagen fuhren sieben Runden um Wendemarken herum. Diese Wenden waren für die Gespanne schwierig und gefährlich. Ein Sieg beim Rennen brachte hohes Ansehen und viel Geld ein. Wagenrennen fanden in Rom im **Circus Maximus** statt.
Bei den **Gladiatorenspielen** kämpften zwei oder mehrere Männer, die mit unterschiedlichen Waffen ausgerüstet waren, gegeneinander oder gegen Tiere wie Löwen, Tiger und Nashörner. Bei den Gladiatoren konnte es sich um Profis, ausgebildete Sklaven oder verurteilte Verbrecher handeln. Die Kämpfe fanden oft in einem Amphitheater statt. Das bekannteste ist das Kolosseum, das man noch heute in Rom besichtigen kann.

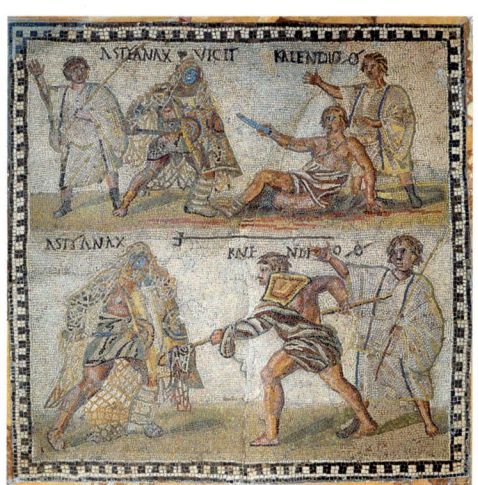
Gladiatoren kämpfen im Circus von Rom. Römisches Mosaik (4. Jh. n. Chr.).

a Vergleiche den Circus Maximus mit modernen Sportstätten (siehe z. B. die Fotos S. 43). Zähle Unterschiede und Gemeinsamkeiten auf.
b Schreibe einen Polizeibericht über den Vorfall in den Pferdeställen des Circus Maximus.
c Welche Personen werden namentlich in dem Text genannt? Was erfährst du über sie?
d Welche Zeit- und Ortsangaben findest du im Text?
e Sammle aus dem Lektionstext (Z. 1 – 8) alle Formen des Verbs *īre* und ordne sie; was ist anders als bei den dir bekannten Verben (wie z. B. *vidēre*)?
▶ Grammatik S. 20
f Vergleiche die Formen von *cupere* (Z. 13, 19, 22) mit denen von *currere* (Z. 25 und 28): Was ist bei den Formen gleich, was unterschiedlich gebildet, woher kennst du diese Bildung? Ordne andere Verben der Lektion diesen Verben zu.
▶ Grammatik S. 20

Lektion 5 — Entdecken, üben und verstehen

1. Zusammenbringen, was zusammen gehört

Präpositionen	Substantive	Pronomen	Verben
per – prope – ad – in	circus – stabulum[1] – amīcus – vīlla	tū – nōs – vōs	esse – stāre – īre – currere – venīre

Bilde vier sinnvolle Sätze und verwende dabei Wörter aus allen Spalten. Übersetze sie.

2. Gut sortiert

▶ Arbeitsheft
S. 25 Ü. 2
S. 27 Ü. 4

Sammle aus dem Lektionstext alle Verbformen von fugere, venīre, vidēre, spectāre, īre und quaerere.
Zeichne in dein Heft eine Tabelle nach dem folgenden Muster und ordne die von dir gefundenen Verbformen ein; ergänze mögliche Lücken bei den Personen.

ā-Konjugation	ē-Konjugation	ī-Konjugation	konsonantische Konjugation	kurz-i-Konjugation	īre

3. Nur eines passt!

Suche die passenden Ergänzungen und überlege, warum alle anderen Wörter nicht passen.

a Lūcius equō (appropinquat/gaudet/dēsīderat).
b Multī equī prope Circum (cupiunt/vident/sunt).
c Puerī stabulum[1] (absunt/intrant/discēdunt).
d Syrus servus (iuvat/adest/potest).

1 stabulum, -ī n. Stall

4. Auf die Grundform kommt es an

▶ Arbeitsheft
S. 25 Ü. 2
S. 27 Ü. 5

Führe die folgenden Verbformen jeweils auf ihren Infinitiv zurück:
amant, it, quaerit, audiunt, fugiunt, videō, discēdō, quaerō, eō, dēbeō

5. Streichkonzert

a Entscheide dich jeweils für eine der Ergänzungen:
Lūcius per stabula[1] (nunc/valdē/rūrsus) currit.
Lūcius per stabula[1] (equōs/equī/equōrum) currit.
Servus (equus/equī/equō) cibum parat.
Puerī ad (medicus/medicō/medicum) currunt.

b Übersetze die Sätze.

6. Vom Wort zum Satz

▶ Arbeitsheft
S. 27 Ü. 6

a Bilde aus den verschiedenen Bausteinen drei Sätze. Welche Rolle übernehmen die vier Bausteine jeweils im Satz?

b Übersetze deine Sätze.

2 māne (Adv.) morgens

7. Satzbaustelle

Nominativ	Dativ	Form von *esse*
servī – equus – dōna – vīlla – venēnum – tabulae	dominō – mihi – nōbīs – vōbīs – puellīs – tibi	est – sunt

a Bilde sechs sinnvolle Sätze. Übersetze deine Sätze.

8. Loquāmur Latīnē: Respondē! (fakultativ)
a Quis est amīcus Lūciī?
b Quō amīcī eunt?
c Quid amīcī spectāre cupiunt?
d Quis Victor est?

9. Was ist was?
a Bestimme die Satzglieder der folgenden Sätze:
Māne² Lūcius per Rōmam it.
Tum amīcī ad Circum currunt.
Posteā medicus puerīs medicīnam dat.
Tandem Victor rūrsus currere potest.

Subjekt
Prädikat
Objekt
Adverbiale

b Übersetze die Sätze.

10. Im Deutschen ist manches anders
Übersetze die folgenden Sätze ins Deutsche.
Welche Unterschiede fallen dir bei der Verbindung von Sätzen und Satzteilen auf?
Puerī equōs pulchrōs clārōsque vident.
Medicus venit, equum spectat, clāmat: Venēnum!
Lūcius multōs et pulchrōs equōs spectat.

11. Römische Spuren
Erkläre die aus dem Lateinischen abgeleiteten deutschen Wörter:
a Das ist ein klarer Fall von Betrug.
b Der Arzt verordnet eine medizinische Behandlung.
c Das Geschenk kam per Post.

Gut wiederholt – vorbereitet für Lektion 6

I. Stelle die dir bekannten Präpositionen zusammen.
II. Mit welchem Kasus werden sie im Lateinischen verwendet?

Unfall auf der Baustelle

Valeria und Lucius treffen sich oft mit ihrem Freund Aulus zum Spielen.

1 māne (Adv.) morgens
2 pila, -ae f. Ball
3 balneae, -ārum f. Bad, Badeanstalt
4 aedificāre (er)bauen
5 ārea, -ae f. Platz, Bauplatz, Baustelle
6 māchina trāctōria f. Baukran
7 carrus, -ī m. Karren

Māne[1] Valeria cum Lūciō amīcō in hortō est. Līberī pilā[2] lūdunt, sed hortus parvus est.
Lūcius: „Hīc lūdere nōn iuvat, sed aliīs locīs lūdere nōbīs nōn licet."
Valeria et Lūcius lūdere dēsinunt. Tacent et dē aliō lūdō cōgitant.
5 Ecce – Aulus venit. Magnō cum gaudiō clāmat: „Salvēte, Lūcī et Valeria! Cornēlius patrōnus balneās[3] aedificat[4]. Vōbīscum in āream[5] īre cupiō, nam in āreā[5] māchina trāctōria[6] est."
Valeria: „Ubī ārea[5] balneārum[3] est?"
Aulus: „Prope Circum. Mēcum venīte et spectāte!"
10 Statim līberī ex hortō currunt. Tertiā hōrā ad balneās[3] novās veniunt. Iam procul ab āreā[5] māchinam trāctōriam[6] vident. Ibī servī māchinā trāctōriā[6] statuās pulchrās dē carrīs[7] tollunt. Nam aliō modō statuās magnās locō movēre nōn possunt.
Valeria gaudet: „Ecce statuae magnae! Servī frīgidārium statuīs ōrnant."
15 Aulus: „Vidēte! Ibī iam aqua in balneās[3] fluit."
„Minimē mīrum", Lūcius respondet, „sine aquā balneae[3] nōn sunt."

Wir lernen die Römer kennen: öffentliches Leben — Lektion 6

Nunc Lūcius et Aulus tepidārium, caldārium spectāre cupiunt, Valeriae autem statuae placent. Puella statuam tangere cupit et ad carrōs⁷ currit. Lūcius clāmat: „Valeria, cavē! In viā ..."
20 Sed Valeria cauta nōn est, iam cadit.
Puerī ad amīcam currunt.
Lūcius: „Valeria! Quid est?"
Valeria misera tacet. Prae lacrimīs respondēre nōn potest.
Aulus intellegit et prō Valeriā respondet: „Īre nōn potest."
25 Lūcius clāmat: „Valeriae adesse dēbēmus."
Tum puerī Valeriam tollunt et domum portant.
Et Lūcius ... tenet Valeriam, paene gaudet.

7 carrus, -ī m. Karren

INFO

Römische Thermen

Anfangs hatte es bei den Römern entweder keine oder höchstens kleine und dunkle Bäder gegeben. Im ersten Jahrhundert v. Chr. aber wurden in Rom komfortable Badeanlagen (*balneae*) gebaut; sie bestanden aus mehreren Räumen (*frīgidārium* Kaltbad, *tepidārium* mäßig warmes Bad und *caldārium* Warmbad). Die nötigen Wassermengen flossen durch große Leitungen (**Aquädukte**) in die Stadt.

Seit dem 1. Jh. n. Chr. ließen die Kaiser riesige Badeanlagen errichten; sie hießen *thermae* (**Thermen**). In den Thermen des Kaisers Diokletian z. B. konnten sich 3000 Menschen aufhalten. Allein das Schwimmbecken (*natātiō*) hatte eine Fläche von 2500 Quadratmetern. Man nutzte die griechische Technik der **Fußbodenheizung** (*hypocaustum*), um in warmen Räumen Wasser unterschiedlicher Temperatur anzubieten. Die Thermen waren mit Statuen, Gemälden und Mosaiken geschmückt. Gebadet wurde meist nackt, Männer und Frauen badeten in getrennten Räumen oder zu unterschiedlichen Zeiten. Viele Menschen hielten sich regelmäßig stundenlang in Thermen auf: Man trieb Sport oder ließ sich massieren, aß, trank, sonnte sich, kaufte ein, ging zum Frisör oder traf Freunde. Archäologen fanden in allen Teilen des ehemaligen römischen Reiches Reste von Thermen. Die größten Thermenruinen Deutschlands sind heute in **Trier** zu besichtigen.

a Finde heraus, wann in dieser Woche die Sonne auf- und untergeht.
b Wie lang wäre im Moment eine Stunde nach römischer Zeitmessung in etwa? Informiere dich auf S. 107.
c Zu welcher römischen Stunde endet heute dein Schultag?
d Lies die Sätze in Zeile 14 aufmerksam durch.
   Was begeistert Valeria in der neuen Badeanstalt besonders?
e Lege eine Tabelle mit zwei Spalten an. Trage in die linke Spalte alle Wortblöcke aus Präposition und einer Form im Akkusativ ein. Trage in die rechte Spalte alle Wortblöcke aus Präposition und einer Form ein, die nicht Akkusativ ist.
f Übersetze die Wortblöcke. Auf welche Frage antwortet der Wortblock jeweils?
g Was kannst du bei den Substantivendungen in der rechten Spalte beobachten?

▶ Grammatik S. 22–23

Lektion 6 — Entdecken, üben und verstehen

1. Präpositionenpuzzle
a Ordne in einer Tabelle den folgenden lateinischen Präpositionen die durcheinandergeratenen Bedeutungen richtig zu.

ā/ab ē/ex dē cum prō prae in	(zusammen) mit – seit – von – in – über – anstelle von – für – vor – wegen – herab – aus

b Welche Bedeutungen haben die Präpositionen in den folgenden Wortblöcken? Wähle eine passende Übersetzung.
ā vōbīs domum venīre
cum amīcīs lūdere
cum lacrimīs nārrāre
in hortō stāre
prō amīcō labōrāre
prae gaudiō respondēre nōn posse
ex hortō venīre
dē amīcō bonō nārrāre

2. Wort-Netz
Stelle alle lateinischen Wörter zusammen, die zum Sachfeld *Wahrnehmung* und zum Sachfeld *Bewegung* gehören.

▶ Arbeitsheft S. 31 Ü. 1

3. Von Fall zu Fall
a Bilde zu den folgenden Nominativ-Formen jeweils die Ablativ-Form. Achte auf den Numerus: amīcus, fīliī, puellae, gaudium, tabula, negōtia
b Verbinde den Ablativ sinnvoll mit einer der folgenden Präpositionen: dē, sine, cum
c Übersetze die Verbindungen.

4. Tauschbörse: Numerus
a Ändere in den folgenden Wortblöcken jeweils den Numerus:
cum dominō, in vīllā, sine statuīs, ad catulum parvum, prō magistrīs bonīs
b Übersetze die neuen Wortblöcke.

5. Streichkonzert
a Entscheide dich bei den folgenden Sätzen jeweils für eine der drei Formen.
1. Lūcius (amīcīs/cum amīcīs/in amīcum) equum quaerit.
2. Valeria (in vīllīs/in vīllam/in vīllā) catulum videt.
3. Puerī equum (dē viā/in viīs/a viā) nōn reperiunt.
4. Servī equōs (in circum/ē circō/sine circō) dūcunt.
b Übersetze nun die vervollständigten Sätze.

32   duo et trīgintā

Entdecken, üben und verstehen | Lektion 6

6. Satzbaustelle

a Verdeutliche dir die Bedeutung der Wortblöcke und bestimme jeweils die Rolle, die der Ablativ in den Wortblöcken spielt.
vīllam statuīs ōrnāre
equōs magnō cum gaudiō vidēre
prīmā¹ hōrā discēdere
tandem ē circō domum venīre
patrōnum multīs verbīs salūtāre
dē equō cadere

▶ Arbeitsheft S. 33 Ü. 7

1 prīmus, -a, -um erster, erste, erstes

b Bilde aus den Wortblöcken kleine Sätze.
Wähle dazu jeweils ein Subjekt aus dem Kasten aus und bilde aus dem Infinitiv die zum Subjekt passende Verbform.

c Übersetze die von dir gebildeten Sätze.

> puerī   Lūcius
> servī   cūnctī
>   līberī
> Lūcius et Aulus

7. Römische Spuren (fakultativ)

Erkläre die hervorgehobenen Fremdwörter.
Von welchen lateinischen Wörtern kommen sie?

a Die Fassade des Rathauses ist mit herrlichen Ornamenten versehen.
b Vor einer wichtigen Entscheidung musst du sorgfältig das Pro und Contra abwägen.
c Dieses Spiel ist ein ausgesprochenes Novum auf der Messe.
d Bei diesem versteinerten Knochen handelt es sich um einen prähistorischen Fund.

8. Loquāmur Latīnē (fakultativ)
Quid hoc est Latīnē/Theodiscē?

Gut wiederholt – vorbereitet für Lektion 7

Valeria bewundert die schönen Statuen, während Lucius und Aulus den Baukran bestaunen. Weil Valeria nicht aufpasst, hat sie einen Unfall.

Beschreibe die Stellung der Prädikate in den Haupt- und Nebensätzen.

Lektion 7 — Wir lernen die Römer kennen: öffentliches Leben

Lucius auf dem Forum

Der Senator Florus hatte versprochen, Lucius die *Cūria* zu zeigen. Endlich ist es soweit und Lucius darf sogar seinen Freund Aulus mitbringen. Frühmorgens wartet Florus zunächst vergeblich auf die beiden Jungen. Doch endlich kommt Lucius angerannt:

Flōrus: „Tandem ades. Ubī est Aulus amīcus?"
Lūcius: „Aulus venīre nōn potest, quod aegrōtus est. Itaque nunc dēmum[1] adsum. Mihi īgnōsce!"
Flōrus: „Quamquam vōs iam diū exspectō, īrātus nōn sum. Sed nunc
5 venī mēcum!"
Tum per viās eunt. Dum Lūcius dē Aulō amīcō aegrōtō cōgitat, Flōrus multōs virōs salūtat. Tandem forum intrant. Ibī sunt multa aedificia, pulchra templa, magnae basilicae[2].
Flōrus: „Ecce forum nostrum. Lūcī, cōgitā: Forum Rōmānum est caput
10 imperiī Rōmānī!"
Lūcius: „Cūriam spectāre cupiō. Ubī est?"
Flōrus: „Exspectā, Lūcī!"
Tum Flōrus senātor Lūcium per forum dūcit: „Ibī Cūria est. Spectā, Lūcī! Multī senātōrēs ante Cūriam disputant. Egō quoque senātor sum.
15 Officium senātōris est in Cūriā dē lēgibus disputāre. Saepe etiam dē bellō et pāce disputāmus. Cūnctīs senātōribus in Cūriā sententiam dīcere licet."

1 nunc dēmum erst jetzt
2 basilica, -ae f. Halle, Markthalle

Wir lernen die Römer kennen: öffentliches Leben — Lektion 7

Subitō Cornēlius senātor Flōrō appropinquat: „Salvē, Flōre! Cūr nōn venīs? Cūnctī senātōrēs tē exspectant."
20 Flōrus: „Salvē! Iam veniō. Tibi autem, Lūcī, Cūriam intrāre nōn iam licet. Sed nōs spectāre et verba ōrātōrum audīre potes, quod portae Cūriae apertae sunt. Valē!"
Dum Flōrus cum senātōribus Cūriam intrat, Lūcius prope Cūriam stat et cōgitat: „Quam multī senātōrēs!"
25 Cūria plēna senātōrum est et Lūcius Flōrum senātōrem nōn iam vidēre potest. Vōcem autem Flōrī audit: „Patrēs cōnscrīptī³ ..."
Subitō Valeria cum ancillā⁴ appropinquat. „Salvē, Lūcī! Venī nōbīscum!"
Lūcius gaudet ...

3 patrēs cōnscrīptī frei übersetzt: „Verehrte Herren Senatoren"

4 ancilla, -ae f. Sklavin

Das Senatsgebäude auf dem Forum Romanum in der heutigen Bauform.

a Schreibe einen Brief, in dem Lucius seinem kranken Freund von seinen Erlebnissen auf dem *Forum Rōmānum* berichtet.
b Was tun die Senatoren in der Kurie?
c Auch im Lateinischen gibt es Haupt- und Nebensätze. In den Zeilen 2 bis 7 findest du drei Satzgefüge, die aus Haupt- und Nebensatz bestehen. Woran erkennst du im Lateinischen Haupt- und Nebensatz?
▶ Grammatik S. 27
d Die Vokabel *senātor* kommt im lateinischen Text ab Zeile 13 in verschiedenen Formen vor. Notiere alle Formen in dein Heft.
▶ Grammatik S. 26
e Unterstreiche jeweils den unveränderlichen Wortbestandteil und die Endung mit verschiedenen Farben. Erschließe aus dem Textzusammenhang, um welchen Kasus es sich jeweils handelt.
f Stelle die Formen des Substantivs *vir* zusammen und nenne die Unterschiede zu den Formen des Substantivs *senātor*.

quīnque et trīgintā

Lektion 7 — Wir lernen die Römer kennen: öffentliches Leben

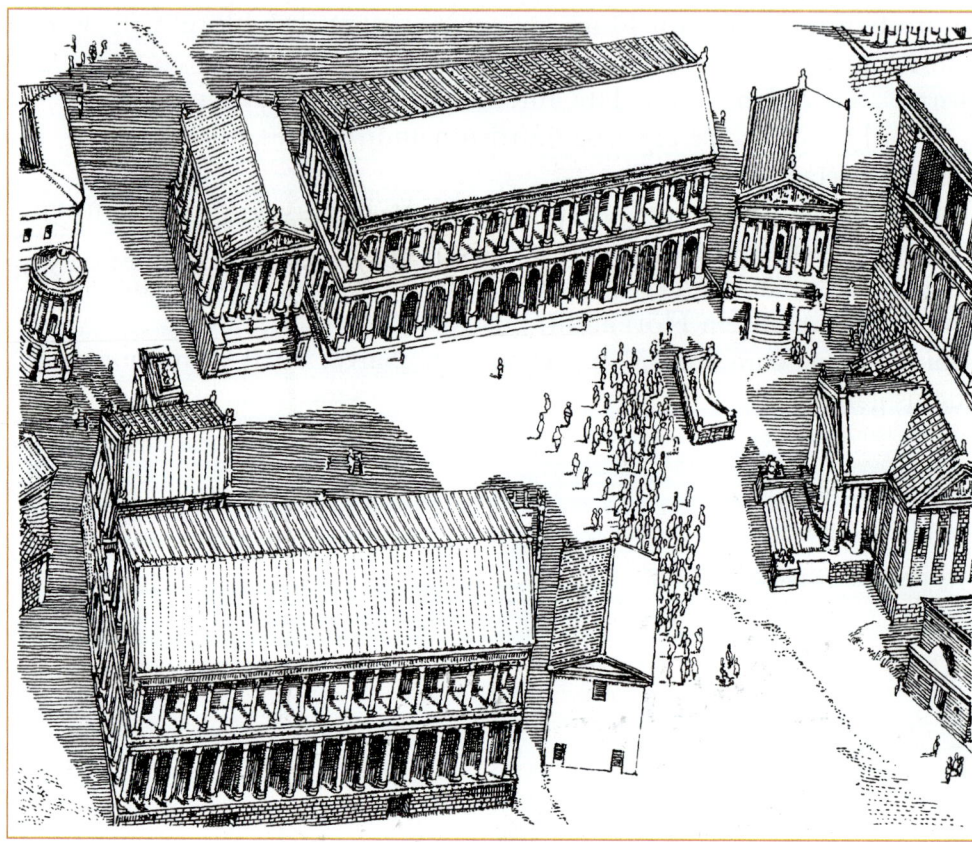

Rekonstruktionszeichnung des Forum Romanum (Bauzustand im 1. Jh. n. Chr.).

INFO

Forum Romanum

Das *Forum Rōmānum* ist der **Marktplatz** der antiken Stadt Rom. Für die Römer der Antike war es jahrhundertelang **Mittelpunkt** ihres politischen, wirtschaftlichen und religiösen Lebens. Hier fielen wichtige Entscheidungen für das ganze römische Reich. Immer wieder wurden neue Bauwerke auf dem Forum errichtet oder vorhandene renoviert. Heute können wir auf dem *Forum Rōmānum* nur noch Reste der ehemaligen Prachtbauten erkennen. Zur Zeit des Lucius aber befanden sich dort die bedeutendsten Bauwerke, z. B. das **Senatsgebäude** (*cūria*), **Basiliken**, **Tempel** und das **Tabularium**.
Im Tabularium, dem Staatsarchiv, wurden Gesetzestexte, Beschlüsse und Verträge auf Tafeln (*tabulae*) aufbewahrt. Das Tabularium begrenzte das *Forum Rōmānum* zum Kapitolshügel hin. Er ist der kleinste, aber höchste der sieben Hügel, auf denen Rom erbaut wurde.

In der Mitte zwischen den großen Gebäuden befand sich der **Forumsplatz**: Hier ging man spazieren, traf Freunde, Parteianhänger, Parteigegner oder Handelspartner. Hier versammelte sich das Volk und hörte Rednern zu, die von der **Rednertribüne** herab sprachen. In späteren Zeiten entstanden rings um diesen Platz einige **Triumphbögen**. Noch heute sind drei dieser Triumphbögen sehr gut erhalten.
Jede römische Stadt hatte ihr eigenes *forum* und war bestrebt, es möglichst nach dem großen Vorbild der Hauptstadt, dem *Forum Rōmānum*, zu gestalten.

Wir lernen die Römer kennen: öffentliches Leben — Lektion 7

Das Forum Romanum: Blick zum Tabularium, rechts ist die Curia zu sehen.

INFO

Basilika
Eine Basilika war eine weite, rechteckige **Halle**; viele Säulen- und Pfeilerreihen stützten das Dach des Gebäudes. Zwischen den Säulen befanden sich kleine Geschäftsräume. In einer Basilika wurden **Gerichtsverhandlungen**, **Handels-** und **Bankgeschäfte** durchgeführt. Bei schlechtem Wetter konnten hier Veranstaltungen stattfinden, die bei schönem Wetter im Freien auf dem Forumsplatz durchgeführt wurden.

INFO

Kurie
Die **Kurie** (*cūria*) war der **Versammlungsort** des Senats. Hier kamen bis zu 600 Senatoren zur Beratung zusammen.

INFO

Tempel
Im Tempel verehrten die Römer ihre **Götter**. In der Regel war der römische Tempel ein rechtwinkliges Gebäude. Über einen Treppenaufgang betrat man eine kleine Säulenhalle. Von dort gelangte man in das Tempelinnere, in dem sich das **Götterbild** befand. Vier Tempel dieser Art sind auf der Rekonstruktionszeichnung zu sehen (S. 36). Nur der kleine Tempel der Göttin **Vesta** stellte eine Ausnahme dar (links oben auf der Rekonstruktionszeichnung S. 36): Er war rund gebaut und enthielt keine Götterstatue, sondern hier brannte das **heilige Feuer**. Mit ihm verband man das Glück des römischen Reiches. Deswegen wurde es von sechs **Priesterinnen** sorgfältig bewacht.
Einige Tempelgebäude dienten manchmal auch als Versammlungsort für eine Senatssitzung.

Lektion 7 — Entdecken, üben und verstehen

1. Ein Wort – mehrere Bedeutungen

Übersetze die beiden folgenden lateinischen Sätze. Entscheide dich für eine sinnvolle deutsche Wiedergabe des lateinischen Wortes *imperium*.

1 cōnsul, cōnsulis m. Konsul (oberster römischer Beamter)

1. „Cōnsulibus[1] imperium est." 2. „Imperium Rōmānum magnum est."

2. Wort-Netz

Stelle aus dem Lektionstext alle Wörter zusammen, die zum Sachfeld *Staat und Politik* gehören.

3. Was ist was?

▶ Arbeitsheft S. 35 Ü. 3

a Sortiere die folgenden Wörter nach Wortarten (Adverbien, Subjunktionen und Präpositionen):
sine, quamquam, dē, diū, dum, per, quod, libenter, cum

b Wähle aus jeder Wortartgruppe ein passendes Wort aus, füge es in den folgenden Satz ein und übersetze ihn.
Flōrus puerōs … exspectat, … Lūcius sine amīcō … viās currit.

4. Von Fall zu Fall

Übertrage diese Tabelle in dein Heft.

Nom. Sg.	Gen. Pl.	Dat. Sg.	Akk. Pl.	Abl. Pl.
amīcus	amīcōrum	amīcō	amīcōs	cum amīcīs
der Freund	der Freunde	dem Freund	die Freunde	mit den Freunden

Bilde nun von den folgenden Substantiven die in der Tabelle vorgegebenen Kasus und trage sie lateinisch und deutsch in die Tabelle ein:
puella – senātor – vir – vōx

5. Satzbaustelle

▶ Arbeitsheft S. 37 Ü. 4

a Füge jeweils von den drei Wörtern *quamquam, quod, dum* ein passendes in die folgenden Sätze ein:
1. Flōrus multōs senātōrēs salūtat, … Lūcius Cūriam libenter spectat.
2. Aulus amīcus nōn venit, … aegrōtus est.
3. Flōrus īrātus nōn est, … puerōs diū exspectat.

b Übersetze dann die Sätze.

6. Der Zahn der Zeit

Ergänze in den folgenden Sätzen die verloren gegangenen Endungen und übersetze.
1. Flōrus mult ... senātōr ... salūtat.
2. Officium senātōr ... est in Cūriā dē lēg ... disputāre.
3. Posteā Flōrus cum mult ... senātōr ... Cūriam intrat.

7. Eine gute Verbindung

Ordne den Substantiven passende Adjektive zu :

Substantiv	Adjektiv
pācem – lēgī – senātōrum – capitis – ōrātōrum – patribus	magnī – clārōrum – bonam – novae – Rōmānō – malōrum[2] – laetīs[3]

2 malus, -a, -um
schlecht

3 laetus, -a, -um
fröhlich, froh

8. Modernes Latein in altem Gewand

amico – negozio – acqua – pace – senatore – servo – impero – donna – voce – foro – frumento – amica – figlia

„Questo è italiano!"

a Schreibe zu den italienischen Wörtern das lateinische Grundwort mit seiner deutschen Bedeutung.
b Nach welcher Regel haben sich die lateinischen Endungen im Italienischen verändert?

9. Loquāmur Latīnē: Respondē! (fakultativ)

Beantworte die folgenden Fragen zum lateinischen Text:
1. Cūr Aulus nōn venit?
2. Quid Lūcius in Forō Rōmānō videt?
3. Quid Lūcius in Forō Rōmānō spectāre cupit?

10. Römische Spuren

Erkläre die farblich hervorgehobenen Fremdwörter. Von welchen lateinischen Wörtern sind sie abgeleitet?
a Raubkopien sind illegal.
b Pazifisten sind Kriegsgegner.

Gut wiederholt – vorbereitet für Lektion 8

Wähle dir für jede Konjugation ein Verb, konjugiere es und markiere die Personalendungen farbig.

Test Lektion 5–7

Verschwunden

Nach dem Abenteuer in den Thermen tragen Aulus und Lucius die verletzte Valeria vorsichtig nach Hause. Dort angekommen, beruhigt sich das Mädchen allmählich wieder. Gerade, als sie sich von ihren Freunden verabschieden will, bemerkt sie plötzlich, dass sie bei ihrem Sturz etwas Wertvolles verloren hat …

1 catella, -ae f. Kettchen
2 fortāsse (Adv.) vielleicht
3 ārea, -ae f. Baustelle
4 balneae, -ārum f. Bad, Badeanstalt

Valeria magnā vōce clāmat: „Ubī est catēlla[1] mea? Catēllam reperīre nōn possum!"
Statim Lūcius cōgitat: „Fortāsse[2] catēlla[1] in āreā[3] est."
Valeriae adesse dēsīderat: „Catēllam[1] tuam quaerere cupiō.
5 Aule, venī mēcum!"
Puella: „Et egō vōbīscum venīre cupiō, quamquam locō movēre nōn possum."
Lūcius: „Hīc nōs exspectā, dum nōs ad āream[3] balneārum[4] īmus!"
Puerī discēdunt. In āreā[3] Lūcius et Aulus catēllam[1] prope statuam
10 quaerunt – et reperiunt! Statim ad Valeriam currunt. Puella valdē gaudet, quod puerī catēllam[1] apportant.

Überprüfe, was du kannst — Lektion 5–7

Textvorerschließung

Verschaffe dir einen Überblick – wovon handelt der Text?
a Welche Informationen gibt dir die Textumgebung (Überschrift, Einleitungstext, Bild)?
b Welche Personen kommen im Text vor?
c An welchen Orten spielt der Text?
d Was für eine Art Text liegt hier vor (Erzählung, Brief, Dialog)? Welche äußeren Anhaltspunkte im Text sprechen für deine Einschätzung?
e Welche Substantive (keine Eigennamen!), welche Verben kommen mehr als einmal im Text vor? Was hat Valeria wohl verloren? Bekommt sie es wieder? Begründe deine Vermutung.

 Wiederhole, was du über die „Vorgeschichte" des Textes weißt.

Übersetzungstraining

a Welche Wörter gehören zusammen? Finde Wortblöcke (Substantiv, gegebenenfalls mit Präposition, + Attribut). Tipp: Wenn du gut aufgepasst hast, als deine Lehrerin / dein Lehrer vorgelesen hat, fällt dir diese Aufgabe sehr viel leichter.
b Inwiefern nützt es dir für die Übersetzung, wenn du die Wortblöcke herausgefunden hast?

Übersetzung

Übersetze diesen Text.

Sprachbetrachtung

Vergleiche deine Ergebnisse mit der Lösung auf S. 131–132.

a Falls du eine abweichende Erwartung über den Inhalt des Textes hattest: Welche Signale hast du falsch gedeutet?
b Welchen Vorteil hat es dir beim Übersetzen verschafft, dass du eine Vorstellung von dem Inhalt hattest?
c Hast du nicht alle Wortblöcke herausgefunden? Dann achte beim nächsten Mal wirklich genau auf den Lesevortrag deiner Lehrerin / deines Lehrers: Zusammengehörende Wörter werden auch zusammen vorgelesen! Du kannst auch im Grammatik-Begleitheft noch einmal nachlesen, was dort zum Thema „Kongruenz" steht (s. S. 10).
d Hast du bei den Sätzen Z. 4–5 die falschen Wörter für Subjekte gehalten? An welchen Merkmalen erkennst du ein Subjekt? Lies dazu auch das Grammatik-Begleitheft S. 11.

Versuche, die Art deiner Fehler zu unterscheiden (Vokabeln, Formen des Verbs und des Nomens):
Bei zu vielen Vokabelfehlern: Wiederhole die Vokabeln der Lektionen 5–7.
Bei zu vielen Formenfehlern: Wiederhole Grammatik-Begleitheft S. 20, 22–23, 26.

 Bei welchen Textabschnitten hat dir deine Kenntnis der Vorgeschichte weitergeholfen?

ūnus et quadrāgintā

Lektion 5–7 | Heute und damals

Badevergnügen und mehr ...

Therme Templin (Brandenburg), Außenbecken

Römisches Fußboden-Mosaik der Villa von Piazza Armerina (Sizilien), 4. Jh. n. Chr.

Südseite des Warmbades (caldarium) im Männerbad der Forumsthermen von Pompeji; in dem Marmorbecken sprudelte einst kaltes Wasser aus einem Röhrchen in der Mitte.

Vergleiche die Beispiele für Freizeitvergnügen heute und in der Antike.

Das Angebot der Berliner Bäder-Betriebe umfasst 37 Hallenbäder. Die Stadt hat etwa 3,4 Millionen Einwohner. Rom hatte zur Zeit von Kaiser Augustus (27 v. – 14. n. Chr.) ca. 200 000 Einwohner. Es gab in Rom damals 170 Badeanlagen, darunter auch viele kleine Badestuben.

In der Arena

Das Kolosseum in Rom: Blick in den Innenraum

Die Allianz-Arena in München

Proeliare[1], Gangens, Caesar te spectat! (Pomp. Inschrift CIL IV 2398)

[1] proeliare kämpfe, fechte!

Einige technische Angaben zum Kolosseum: ca. 68 000 Sitzplätze, ca. 5 000 Stehplätze im obersten Rang; Baumaterial: mehr als 100 000 m³ Travertin-Stein und 300 t Eisen für die Verklammerung der Steine

 1. Vergleiche die Bauten.

Eine halbe Runde Vorsprung

Am ersehnten Tag des Pferderennens stürzen alle kopfüber los, auch wenn die Sonne noch gar nicht richtig aufgegangen ist, um durch ihre Schnelligkeit sogar noch die Rennwagen zu überbieten; da ihre Wünsche über den Ausgang ganz unterschiedlich sind, durchleiden die meisten die Nächte vor den Rennen schlaflos. (nach Ammianus Marcellinus)

2. Beschreibe die Gefühle eines Zuschauers vor dem Rennen.

Ein Tempel für Caesar

Nach langen Bürgerkriegen herrscht unter Augustus endlich Frieden im römischen Reich. Titus, ein Kaufmann aus Bithynien, kommt nach vielen Jahren wieder einmal nach Rom. Er möchte in den Zeiten des Friedens nun gute Geschäfte machen. Titus sieht beim Gang über das Forum einen neuen Tempel. Als er wenig später zufällig seinem Bekannten Gaius begegnet, fragt Titus ihn:

Titus: „Quis templum novum aedificavit? Quem in templo colitis?"
Gaius: „Augustus Caesari, patri claro, templum aedificavit."
Titus: „Cur Augustus non deo, sed viro templum aedificavit?
In Bithynia nihil de novo templo audivimus."
5 Gaius: „Cur nihil audivistis?"
Titus: „Ego nihil audivi, quod multa negotia mihi fuerunt."

Gaius: „Audi! Caesar mortuus nunc deus est. Itaque Caesarem in templo colimus. Dies mortis Caesaris cunctis viris bonis ater[1] fuit. Die mortis multi in foro adfuerunt et lacrimas tenere non potuerunt et
10 pleni timoris fuerunt. Ego quoque tum multos dies plenus timoris fui. Nam sine Caesare res publica magno in periculo fuit. Quis rem publicam die atro[1] servare potuit? Cui mors viri boni placet?"

Titus: „Verba tua mihi non placent. Nam dies mortis non cunctis hominibus ater[1] fuit. Nonnulli enim Romani morte Caesaris
15 gaudebant."
Gaius: „Tace! Alii tum rei publicae timebant et spes pacis nobis non iam erat. Etiam ego imperatorem laudabam. Nobis enim semper multa beneficia dabat et multis in rebus aderat."

Gaius weist immer wieder darauf hin, dass Caesar nicht nur für seine Anhänger, sondern auch für die römische Bevölkerung und sogar für ganze Provinzen viel Gutes getan hat.

Titus: „Beneficia Caesaris mihi ignota non sunt. Quid autem Augustus
20 Romanis praebuit?"
Gaius: „Magnas res Augustus nobis praebuit. Pacem paravit imperio Romano. Itaque Augustus nunc Caesar novus est. Quid dicis?"
Titus: „Taceo!"

[1] ater, atra, atrum schwarz, unheilvoll

Wir lernen die Römer kennen: Politik und Gesellschaft unter Augustus — Lektion 8

Porträtbüste des Gaius Iulius Caesar aus Marmor

Statue des Augustus, die ihn als Feldherrn mit Brustpanzer darstellt (sogenannter Augustus von Primaporta), geschaffen 19 - 17 v. Chr., gefunden 1863 in der Villa der Livia, der Frau des Augustus.

INFO

Von Caesar zu Augustus

Lange Zeit hatten die römischen **Adligen** in ihrer **Ratsversammlung**, dem Senat, die römische **Republik** gemeinsam regiert. Im ersten Jahrhundert vor Christus versuchten aber immer wieder einzelne Adlige, eine höhere Machtstellung zu erringen.

C. Iulius Caesar schaffte dies: Er besiegte seine innenpolitischen Gegner und ließ sich zum **Diktator auf Lebenszeit** ernennen. Nun war er Alleinherrscher in Rom, der mächtigste Mann in einem Weltreich.

Vor allem einige Senatoren konnten sich aber mit dem Verlust ihrer Macht nicht abfinden; deshalb verschworen sie sich und töteten Caesar an den Iden des März (15.3.) des Jahres 44 vor Christus. Doch nach Caesars Ermordung fanden die Adligen nicht zu einer gemeinsamen Regierung zurück. Es entbrannte ein blutiger **Bürgerkrieg** um die Alleinherrschaft. 31. v. Chr. ging **Octavian**, Adoptivsohn und Erbe Caesars, aus diesem Kampf als Sieger hervor. Er hatte in einer Seeschlacht seinen Rivalen Antonius und dessen Geliebte Kleopatra, die Königin von Ägypten, besiegt.

Mit der Alleinherrschaft Octavians endete der Bürgerkrieg. Octavian bewahrte das Ansehen seines Vaters, der in Rom als Staatsgott verehrt wurde, und weihte 29 v. Chr. einen eigenen Tempel für Caesar ein. Auch Octavian erhielt durch den Senat viele Auszeichnungen, darunter den Ehrennamen Augustus. Nach seinem Tod 14 n. Chr. wurde Augustus ebenfalls zum Gott erklärt.

a Um welche Textsorte handelt es sich? Über welche Personen unterhalten sich Titus und Gaius?
b Welchen Eindruck erwecken die beiden abgebildeten Kunstwerke bei dir?
c Stelle die neuen Verbformen der Vergangenheit zusammen und ordne sie. Was kannst du über die Bildung dieser Formen sagen?

▶ Grammatik S. 29–30

Lektion 8 — Entdecken, üben und verstehen

1. Wort-Netz

a Sammle aus dem Lektionstext
alle Wörter und Wendungen, die ein *Gefühl* zum Ausdruck bringen.

b Stelle aus dem Lektionstext alle Ausdrücke für *Zeitangaben* zusammen.

2. Wort-Baustelle

Viele Verben können durch Voransetzen einer Präposition neue Bedeutungen erhalten. Das Beispiel *sehen* macht es deutlich: Wir kennen die Wörter *an-sehen*, *zu-sehen*, *hin-sehen* und *über-sehen*.

Mit den dir bereits bekannten Präpositionen *ab*, *ad*, *e/ex* und *in* und den Verben *ducere* und *ire* kannst du nun selbst neue Verben bilden und diese übersetzen. Solche Verben nennt man Komposita.

3. Eine gute Verbindung

▶ Arbeitsheft S. 41 Ü. 3a–b

Ordne den Substantiven passende Adjektive zu:

dies – rem – spe – dierum – rebus – spei – diei – rerum

1 ater, atra, atrum schwarz, unheilvoll

parvarum – magnae - plenorum (timoris) – multos – publicam – Romanis – atri[1] – magna

4. Tauschbörse: Numerus, Tempus

▶ Arbeitsheft S. 40 Ü. 2

Vertausche gleichzeitig den Numerus (Singular ↔ Plural) und das Tempus (Perfekt ↔ Imperfekt):

fuistis – debebat – adfuit – praebebam – poteratis – delectaverunt

5. Streichkonzert

▶ Arbeitsheft S. 41 Ü. 4

Vervollständige die folgenden Sätze. Überlege, welche der drei Verbformen jeweils die passende ist, und übersetze.

1. Imperium Romanum diu magnum (fui/fuit/fuerunt).
2. Quid, amice, de imperatore Caesare (audivi/audivisti/audivistis)?
3. Quis templum Caesaris (aedificavi/aedificavit/aedificavistis)?
4. Ubi templa aliorum deorum (erant/eram/eras)?

Entdecken, üben und verstehen | Lektion 8

6. Ein Wort – mehrere Bedeutungen
Übersetze je nach dem Zusammenhang das Wort *esse* angemessen:
1. Milites² magno in periculo sunt.
2. Curia in foro est.
3. Sunt magna templa prope curiam.
4. Est deus!
5. Tuae litterae sunt de ludis.

2 miles, militis m. Soldat

7. Im Deutschen ist manches anders
Übersetze folgenden Text ins Deutsche. Wann musst du die lateinischen Vergangenheitstempora im Deutschen mit Perfekt, wann mit Präteritum wiedergeben?
Titus post³ multos annos⁴ Romam iit. Ibi fuit novum templum, quod⁵ Tito ignotum erat. Itaque Titus ex amico quaesivit: „Romam ii et novum templum vidi⁶. Quis novum templum aedificavit?"
Amicus: „Augustus templum aedificavit."
Titus: „Nihil de novo templo in Bithynia audivimus."

3 post (beim Akk.) nach

4 annus, -i m. Jahr

5 qui, quae, quod der, die, das

6 vidi Pf. - Form zu videre

8. Römische Spuren im modernen Italien
Aus dem Lateinischen ging die italienische Sprache hervor. Mit deinen Lateinkenntnissen kannst du schon einige Wörter im Italienischen erkennen.
Schreibe die italienischen Wörter in dein Heft und daneben das entsprechende lateinische und das deutsche Wort. Beispiel:

Italienisch	Lateinisch	Deutsch
aperto	apertus	offen

Die italienischen Wörter sind: dio – uomo – repubblica – morto – morte – edificare – buono – figlio – pericolo – tavola

Gut wiederholt – vorbereitet für Lektion 9

I. Mache aus den folgenden Hauptsatz-Paaren jeweils einen Hauptsatz mit einem Relativsatz. Beispiel:
Caesar ist ein berühmter Feldherr. Er hat Gallien erobert.
Caesar ist ein berühmter Feldherr, der Gallien erobert hat.

1. Die Soldaten mochten Caesar. Caesar hatte oft gesiegt.
2. Die Römer drangen nach Gallien ein. Gallien lag jenseits der Alpen.
3. Die Senatoren hatten Caesar ermordet. Caesar wurde auf dem Scheiterhaufen verbrannt.

II. Beschreibe, was bei der Umwandlung passiert.

septem et quadraginta

Lektion 9   **Wir lernen die Römer kennen: Politik und Gesellschaft unter Augustus**

Vibias Hochzeit

INFO

Hochzeitsfeiern der römischen Oberschicht

Meistens entschieden die Familien, wen ihre Kinder heirateten. Für die Eheschließung war jeweils die Zustimmung des Familienoberhauptes *(pater familias)* von Braut und Bräutigam erforderlich. Durch eine Heirat knüpften verschiedene Adelsgeschlechter *(gentes)* eine engere Verbindung zueinander. Dabei spielten Geld und politische Macht eine große Rolle. Mädchen galten schon im Alter von 12 bis 14 Jahren als heiratsfähig. Vor der Heirat überreichte der Bräutigam seiner Braut einen Ring. Auch Iulia, die Tochter des Kaisers Augustus, wurde schon als Kind dem Sohn eines sehr mächtigen Politikers als Ehefrau versprochen. Noch mehrmals arrangierte Augustus – nach dem Tod seiner Schwiegersöhne – Ehen für Iulia.

Die Heirat und den Wert der Ausstattung für die Ehe vereinbarten die Väter der Brautleute oft lange vor dem Hochzeitstermin. Der Wert konnte den Betrag von 1 000 000 Sesterzen erreichen. Zum Vergleich: Ein Arbeiter verdiente im Jahr etwa 1 300 – 1 400 Sesterzen. Ein beliebter Monat zum Heiraten war der April. Es gab aber auch Tage, die als Unglück bringend galten. Man vermied es, an solchen Tagen zu heiraten.

Am Abend vor der Hochzeit verabschiedet sich die Braut symbolisch von ihrer Kindheit. Sie weiht zusammen mit ihrer Mutter ihre Spielsachen den Göttern. Dann legt sie das **Hochzeitsgewand** bereit. Schon in der Nacht vor der Hochzeit trägt sie die weiße Tunika und den roten Brautschleier *(flammeum)*. Am Morgen des Hochzeitstages zieht die Braut noch ein gelbrotes Brautkleid an.

Bei der Hochzeitszeremonie unterschreibt das Brautpaar eine Art **Ehevertrag**. Es wird ein **Opfer** durchgeführt; wenn es günstig verläuft, ist das ein gutes Vorzeichen für die Ehe. Die Brautführerin vereinigt die rechten Hände der Brautleute und die Braut spricht die Formel *„Ubi tu Gaius, ego Gaia."* „Wo du, Gaius, bist, bin ich, Gaia."

Es folgt die Hochzeitsfeier. Abends wird die Braut zum Haus des Bräutigams geführt; der Bräutigam streut Nüsse und die Braut wird über die Schwelle getragen.

Wir lernen die Römer kennen: Politik und Gesellschaft unter Augustus — Lektion 9

Für zwei reiche Familien des römischen Adels ist heute eine besondere Gelegenheit zu feiern: Vibia und Quintus Sempronius werden verheiratet. Verwandte von Braut und Bräutigam, aber auch Freundinnen Vibias und Freunde des Quintus treffen sich bei diesem großen Fest. Sogar Augustus selbst und sein Adoptivsohn Tiberius sind eingeladen. Nachdem Braut und Bräutigam den Ehevertrag unterschrieben haben, beginnt die *cena nuptialis*, das Hochzeits-Festessen.

„Ubi tu Gaius, ego Gaia." Tandem Vibia nupsit! Pater Vibiam filiam Quinto Sempronio, viro honesto et benigno, libenter in matrimonium dedit. Nam Quinto auctoritas et divitiae erant.
Multi amici et propinqui ad cenam nuptialem[1] venerunt. Etiam princeps
5 Augustus et Tiberius filius aderant. Vibia cunctis convivis[2] valde placebat.
Subito Vibia Corneliam amicam, quae in atrio stabat, vidit. Ad Corneliam iit et amicam magno cum gaudio salutavit. Puellae convivas[2] attente spectabant, tum Vibia quaesivit: „Cornelia! Multi iuvenes adsunt.
10 Quis tibi placet?"
Cornelia non respondit. Inter viros vidit iuvenem: Itaque amicae eum iuvenem, qui ei valde placuit, demonstravit.
Vibia autem: „Is, quem mihi demonstravisti, filius principis Augusti est. Ante nonnullos dies Iuliam, filiam Augusti, iam in matrimonium duxit."
15 Repente Tiberius ad nuptam[3] venit eamque salutavit: „Nuptam[3] pulchram video, cui est amica pulchra." Et Corneliam aspexit.
Nova nupta[3] gaudet, amica erubescit[4].
Tiberius eam attente aspexit, tum autem ad patrem discessit, qui inter multos convivas[2] eum exspectabat. Convivae[2], qui ad multam noctem
20 manserunt, hymenaeos[5] laetos cecinerunt.
Cornelia autem multos dies de ea re et de Tiberio cogitavit.

1 cena nuptialis das Hochzeitsessen
2 conviva, -ae m. Gast
3 nupta, -ae f. Ehefrau, Braut
4 erubescere rot werden, erröten
5 hymenaeus, -i m. Brautlied, Hochzeitslied

a Stelle aus dem Text Vokabeln zum Sachfeld *Hochzeit* zusammen.
b Welche Personen werden im Lektionstext genannt?
  Was erfährst du über sie?
c Vergleiche römische Hochzeitsbräuche (s. auch Infotext) mit heutigen.
d Schreibe alle Perfektformen aus dem Lektionstext heraus.
  Was fällt dir bei der Bildung der Perfektformen auf?

▶ Grammatik S. 33

Lektion 9 — Entdecken, üben und verstehen

1. Auf die Grundform kommt es an
Führe die folgenden Formen auf den zugehörigen Infinitiv der Gleichzeitigkeit und die 1. Person Singular Präsens zurück und benenne die Art der Perfektbildung: (z. B. amavi: amare, amo, v-Perfekt):

laudaverunt – venisti – praebuit – aspexerunt – cecinimus – dixistis – duximus – mansistis – steti

2. Formenbaustelle
▶ Arbeitsheft S. 48 Ü. 1

Kombiniere diese beiden Formenbestandteile sinnvoll. Bestimme die gebildeten Formen:

mans- da- ded- respond-	-bam -i -mus -imus -bant -isti -erunt -nt -ebatis -o -t

3. Von Person zu Person

Präsens	Perfekt	Infinitiv
	dederunt	
venis		
	placuit	
aspicio		
	stetisti	
ducimus		
quaerunt		

Übertrage diese Tabelle in dein Heft. Ergänze die fehlenden Verbformen.
Beispiel: amo → amavi → amare

4. Satzbaustelle
▶ Arbeitsheft S. 45 Ü. 2 S. 46 Ü. 3

Bilde sinnvolle Sätze und übersetze sie.
(Beispiel: Video discipulum, qui fabulam audit. Ich sehe einen Schüler, der eine Geschichte anhört.)

Video…	hominem, catulos, puellas, patrem, magistrum, senatores, statuam,	quam puella aspicit. quibuscum liberi ludunt. cui medicus medicinam dat. qui magna voce clamat. quas equi pulchri delectant. quos turba salutat. cuius filia pulchra mihi placet. quarum pater senator est.

Entdecken, üben und verstehen — Lektion 9

5. Streichkonzert

a Bestimme in den folgenden Sätzen das Wort, auf das sich der Relativsatz bezieht, und wähle das passende Relativpronomen aus.
   1. Vir, (quem/quam/qui) in via stat, magna voce clamat.
   2. Cornelia videt magnam turbam, (qui/quam/quae) curiam intrat.
   3. Templum Caesaris, (quem/quod/qui) Augustus in foro aedificavit, clarum et pulchrum est.
   4. Amicae, (quacum/quibuscum/ad quos) Cornelia libenter ludit, aegrotae sunt.
   5. Medicus, (cuius/cui/quem) pater puellarum exspectat, iam adest.

b Übersetze nun die vervollständigten Sätze im Ganzen.

▶ Arbeitsheft S. 49 Ü. 4

6. Ein Wort – mehrere Bedeutungen

Übersetze die folgenden Sätze. Um welche Art von Pronomen handelt es sich jeweils? Achte beim Übersetzen der folgenden Sätze auf die unterschiedlichen Verwendungen von is, ea, id.
   1. Tiberius decessit[2]; eum non iam video.
   2. Is iuvenis, quem tibi nunc demonstro, honestus et benignus est.
   3. Nomen[3] eius iuvenis mihi ignotum est.
   4. Lucius: „Is equus mihi valde placet. Eum tangere cupio."
   5. Ea, quae dixisti, mihi ignota non sunt.

▶ Arbeitsheft S. 49 Ü. 3

[2] decedere, decedo, decessi — weggehen

[3] nomen, nominis n. — Name

7. Quid hoc significat? (Pantomime; fakultativ)

Versucht, Adjektive und Verben der Lektionen 1–9 pantomimisch darzustellen. Eure Mitschüler müssen die lateinischen Wörter erraten.

Discipulus A: „Quid hoc est?"

Discipulus B: „Clamas."

Discipulus A: „Minime." „Ita est." / „Sic est."

8. Römische Spuren (fakultativ)

Erkläre die hervorgehobenen Fremdwörter. Von welchen lateinischen Wörtern kommen sie?
a Wer hat die nötige Autorität?
b Die Bildung der Kinder ist mir so wichtig, dass ich sogar dafür demonstrieren gehen würde.
c Welchen Aspekt in dieser Lektion fandest du besonders interessant?

Gut wiederholt – vorbereitet für Lektion 10

Ich sehe dich gewinnen. Ich sehe, dass du gewinnst.
Ich höre es knallen. Ich höre, dass es knallt.

Vergleiche die Bildung der beiden Sätze miteinander.

Lektion 10 | **Wir lernen die Römer kennen: Politik und Gesellschaft unter Augustus**

Die vielen Götter und der eine

INFO

Römische Götter

Die Zahl der römischen Götter war ähnlich groß wie die der griechischen. Außer dem **Göttervater Jupiter** (griech.: Zeus) wurden vor allem seine **Frau Juno** (griech.: Hera), Minerva (griech.: Athene), Mars (griech.: Ares), Mercurius (griech.: Hermes), Neptunus (griech.: Poseidon) und Apollo (griech.: Apollon) verehrt. Oft übernahmen die Römer sogar Götter aus dem Ausland wie z. B. die ägyptische Göttin Isis. Die Römer haben auch Begriffe wie z. B. *concordia – Eintracht, fortuna – Schicksal, Glück* und *victoria – Sieg* zu Göttern gemacht und ihnen eigene Tempel oder Statuen errichtet. Später wurden sogar Menschen zu Göttern erklärt wie etwa Caesar und die späteren Kaiser.

Der Göttervater Jupiter zwischen den Göttinnen Juno (rechts) und Minerva (links). Römisches Marmorrelief, 2. Jh. n. Chr. (Trier, Rheinisches Landesmuseum)

Statue des Merkur, geschaffen von Ramón Barba (1767 – 1831).

Apollo-Statue mit Kithara. Römische Skulptur, um 100 n. Chr.

Statue der Venus (sog. Venus von Milo), 2. Jh. v. Chr.

duo et quinquaginta

Wir lernen die Römer kennen: Politik und Gesellschaft unter Augustus — Lektion 10

Aus allen Teilen des römischen Reiches strömten Menschen nach Rom. Viele von ihnen blieben, weil sie sich bessere Lebensbedingungen erhofften als in ihren Ländern. Deshalb war auch Josephus gekommen, ein junger Jude aus Jerusalem. Nun ist ihm auch sein jüngerer Bruder Simon nachgereist. Bald nach seiner Ankunft geht er mit Josephus natürlich zuerst ins Zentrum der Stadt, auf das Forum.

Simon: „Ecce templum, quod in monte est! Quam magnum et magnificum est! Estne templum Iovis?"
Iosephus: „Id templum, quod vides, non solum Iovis, sed etiam Iunonis et Minervae est."
5 Simon: „Num apud Romanos tres dei in uno templo sunt? Mirum: Nos Iudaei unum Deum colimus. Cuius templum magnificum est.
Qui homines atque cunctas res creavit."
Iosephus: „Ita est. Constat Romanos multos deos colere."

Simon: „Romanos in uno templo tres deos colere mihi ignotum erat.
10 Mirum est."
Iosephus: „Romani credunt Iovem deorum atque hominum patrem esse.
Itaque mirum non est cunctos Romanos Iovem maxime colere.
Scio multos homines post Iovem Iunonem uxorem colere et post eam Minervam, deam litterarum."
15 Simon: „Num sunt alii dei?"
Iosephus: „Multi dei et multae deae sunt. Homines Mercurium ducem viarum esse putant. Tum Martem, qui bella regit, de auxilio rogant.
Denique Apollinem colunt, qui morbos depellit. Alii dei sunt Diana, Neptunus, Saturnus, Venus. Vides multas deorum statuas hic esse."
20 Simon: „Mirum: Nobis autem statuas Dei facere non licet."
Iosephus: „Etiam fama est deos Romanorum saepe scelera fecisse et inter se certare."
Simon: „Num Romani deos deasque, qui et amant et necant, colere possunt?"
25 Iosephus: „Tu dicis ea, quae cuncti Iudaei dicunt.
Nonne alia templa deorum Romanorum spectare cupis? Ecce templum Vestae. Constat in eo templo ignem perpetuum ardere. Virgines Vestales[1] eum servare debent. Ecce templum …"
Simon: „Dic mihi, Iosephe, estne dea cenae[2]? Ad id templum ire cupio!"

1 virgines Vestales f. Vestalinnen (Priesterinnen der Göttin Vesta)

2 cena, -ae f. Essen, Mahlzeit

a Welche römischen Götter werden im Text erwähnt? Benenne ihre Aufgabenbereiche.
b Suche im Lexikon oder im Internet nach weiteren Aufgabenbereichen von Apollo, Merkur und Venus. Welche ihrer Attribute weisen darauf hin?
c Schreibe aus dem Text die Infinitivkonstruktionen nach *constat*, *credunt*, *fama est* und *ignotum est* heraus. Vergleiche den lateinischen Text mit der deutschen Wiedergabe.

▶ Grammatik S. 38–39

Lektion 10 | Entdecken, üben und verstehen

1. Von Wort zu Wort
Was unterscheidet diese Fragesätze von den mit *num* oder *nonne* eingeleiteten?
1. Estne curia in foro?
2. Quo senatores eunt?
3. Cur in curia sunt?
4. Quem salutant?
5. Quid ibi faciunt?
6. Quis eorum dicit?
7. Nonne Iudaei unum deum colunt?
8. Num Romani multos deos colunt?

2. Was ist Tatsache, was Vermutung?
Ordne die folgenden Sätze danach, wie zuverlässig und sicher die Aussage klingt.
1. Romani Vestam deam esse crediderunt.
2. Notum est homines scelera facere.
3. Homines Apollinem morbos depellere putabant.
4. Scimus nonnullos senatores Caesarem necavisse.
5. Iunonem uxorem Iovis fuisse constat.
6. Te verum[1] dixisse intellexi.

1 verum, -i n. Tatsache, Wahrheit

3. Eine gute Verbindung
Verbinde die folgenden Substantive mit *facere* und finde eine angemessene Übersetzung:

iter – templum – timorem – bellum – pacem – medicinam

4. Von Akkusativ zu Akkusativ
Gib zu allen Akkusativen an, welche Rolle sie im Satz spielen.
1. Scio dominum vestrum multas horas senatorem prope curiam exspectavisse.
2. Senator autem turbam fugit et domum iit.

5. Eine gute Verbindung

▶ Arbeitsheft
S. 51 Ü. 5
S. 52 Ü. 4

Der zweite Satz der folgenden Satzpaare braucht einen relativischen Anschluss. Ergänze die passende Form der folgenden Relativpronomen und übersetze jeweils beide Sätze:

quod – cui – quibus – quam – qui

2 parere gehorchen

a Vobis fabulam narravi. _____ libenter audivistis.
b Augustus princeps fuit. _____ senatores parere[2] debuerunt.
c Romani deos colebant. _____ hominibus saepe aderant.
d Templum Vestae in foro fecerunt. _____ parvum erat.
e Minerva multas res invenit[3]. _____ homines delectavit.

3 invenire, invenio, inveni finden, erfinden

Entdecken, üben und verstehen | Lektion 10

6. Von Infinitiv zu Infinitiv
a Nenne alle Infinitiv-Formen in den folgenden Sätzen.
b Gib jeweils an, welche Rolle diese Infinitive im Satz spielen.
   1. Cupimus amicos donis nostris delectare.
   2. Cupimus amicos donis nostris gaudere.
   3. Ibi non possum manere. Licetne intrare?
   4. Dona non semper magna esse debent.

▶ Arbeitsheft
S. 52 Ü. 5

7. Satzbaustelle – Zeitverhältnisse im AcI
Schreibe die folgenden Sätze in dein Heft:
   1. Constat templum Iovis in Capitolio fuisse.
   2. Scimus Romanos multos deos coluisse.
   3. Virgines Vestales⁴ ignem perpetuum servare oportebat⁵.
   4. Fama est tres deos in uno templo adfuisse.
   5. Spem magnam esse puto.
   6. Multos homines in periculis plenos timoris fuisse constat.
a Markiere die AcI-Konstruktionen.
b Bestimme das Zeitverhältnis.
c Übersetze die Sätze.

▶ Arbeitsheft
S. 51 Ü. 6
S. 53 Ü. 6

4 virgines Vestales f.
Vestalinnen

5 oportet
es gehört sich, man muss

8. Im Deutschen ist manches anders
Die Fragepartikel –*ne*, *nonne*, *num* lassen erkennen, welche Antwort der Sprecher erwartet. Bringe dies bei der Übersetzung der folgenden Sätze zum Ausdruck!
   1. Coluistisne deos Romanorum?
   2. Num coluistis deos Romanorum?
   3. Nonne coluistis deos Romanorum?

9. Loquamur Latine (fakultativ)

Abi in malam crucem!	Scher' dich zum Teufel !
Cacator!	Scheißkerl!
Nihil dicis!	Quatsch!
Idiota!	Stümper!
Mente captus/capta es!	Du bist verrückt!

Gut wiederholt - vorbereitet für Lektion 11

Die Römer verehrten viele Götter.
Viele Götter wurden von den Römern verehrt.

Vergleiche beide Sätze. Wodurch unterscheiden sie sich inhaltlich?

Test Lektion 8–10

Die Namensfrage

Nachdem Josephus seinen Bruder Simon durch Rom geführt hatte, erkundete Simon am folgenden Tag auf eigene Faust die fremde Stadt – und stieß prompt auf etwas, das sein Interesse weckte …

Simon ad templum puellam pulchram stare vidit. Cui Simon appropinquavit et eam rogavit: „Salve! Cui Romani id templum, quod videmus, aedificaverunt?"
Puella Romana risit: „Num id Caesaris templum esse tibi ignotum est?"
5 Simon respondit: „Ita est. Nam ante nonnullos dies Romam veni. Iam multa pulchra vidi. Nunc autem nomen[1] templi scire cupio. Mihi enim placet."
Sed Simon secum cogitabat: „Tu etiam mihi places."
Puella: „Nomen[1] templi Pantheon est, quod in eo non solum unum
10 deum, sed etiam cunctos deos colimus."
Tum Simon et puella diu tacebant et templum spectabant.
Simon denique: „Et tu, quod tibi nomen[1] est?"

[1] nomen n. Name

Überprüfe, was du kannst | Lektion 8–10

Textvorerschließung

Verschaffe dir einen Überblick – wovon handelt der Text?
a Welche Informationen gibt dir die Textumgebung (Überschrift, Einleitungstext, Bild)?
b Welche Personen kommen im Text vor? Wo spielt der Text?
c Aus welchen äußeren Anhaltspunkten im Text erkennst du die Textart?
d Welche Nomen und Verben kommen öfter im Text vor?
e Äußere eine erste Vermutung zur Überschrift.

 Wiederhole, was du zu der „Vorgeschichte" des Textes weißt (Lektion 10).

Übersetzungstraining

a Welche Wörter gehören zusammen? Finde Wortblöcke (Substantiv, ggf. mit Präposition, + Attribut!)
b In diesem Text gibt es zwei Satzgefüge (Haupt- und Nebensatz).
 Woran erkennst du jeweils den Nebensatz? Achtung: Ein Satz in diesem Text sieht wie ein Nebensatz aus – es ist aber keiner. Welcher ist es?
c Suche die beiden AcI-Konstruktionen aus dem Text heraus und gib jeweils Subjektsakkusativ und Prädikatsinfinitiv an.

Übersetzung

Übersetze diesen Text.

Sprachbetrachtung

Vergleiche deine Ergebnisse mit der Lösung auf S. 132–133.
a Falls du eine abweichende Erwartung über den Inhalt des Texts hattest: Welche Signale hast du falsch gedeutet?
b Welchen Vorteil hat es dir beim Übersetzen verschafft, dass du eine Vorstellung von dem Inhalt hattest?
c Hast du nicht alle Wortblöcke herausgefunden? Du kannst im Grammatik-Begleitheft noch einmal nachlesen, was dort zum Thema „Kongruenz" steht (s. Seite 10)
d Hattest du Schwierigkeiten, den „scheinbaren" Nebensatz herauszufinden? Lies doch im Grammatik-Begleitheft noch einmal S. 37.
e Hat dir die Übersetzung der Form *cui* Schwierigkeiten bereitet? Dann hilft dir die Tabelle auf S. 97 weiter!

Hattest du Schwierigkeiten, die AcIs zu bestimmen, schau nach im Grammatik-Begleitheft S. 38.

 Versuche, die Art deiner Fehler zu unterscheiden (Vokabeln, Formen des Verbs und des Nomens):
Bei zu vielen Vokabelfehlern: Wiederhole die Vokabeln der Lektionen 8–10.
Bei zu vielen Formenfehlern: Wiederhole Grammatik-Begleitheft S. 28–30, 32–33 und 36.

Lektion 8–10 | Heute und damals

Tempel – Kirche – Moschee

Der am besten erhaltene römische Tempel (genannt Maison Carrée, „viereckiges Haus") in Nîmes, Provence/Südfrankreich, erbaut zur Zeit des Kaisers Augustus.

Katholischer Priester mit Oblate bei der „Wandlung" während des Gottesdienstes.

Der Kölner Dom, erbaut von 1248 bis 1880.

1. Vergleiche das Aussehen antiker und moderner Gotteshäuser.
2. Beschreibe religiöse Zeremonien in der Antike und heute. Nenne Gemeinsamkeiten und Unterschiede.

Heute und damals — Lektion 8–10

INFO

Opfer bei den Römern

Der Schriftsteller **Cato** rät dem Bauern, was er tun soll, um seine Felder mit dem Segen der Götter auszustatten. Alle fünf Jahre schlägt er das Opfer der *Suovetaurilia* vor. Dabei werden ein Schwein, ein Schafbock und ein Stier dem Mars geopfert. Cato beschreibt, was zu tun ist:

Die Tiere müssen um die Felder herumgeführt werden. Bestimmte Gebete sind zu sprechen. Der Text ist in altertümlichem Latein abgefasst. Opferkuchen werden zusammen mit den Tieren geopfert. Während der Opferhandlung spricht der Bauer:
Eiusque rei ergo macte suovetaurilibus inmolandis esto.
(Wegen dieser Sache sei geehrt durch das Opfer der Suovetaurilia.)

Schwein, Schafbock und Stier: Darstellung eines Reliefs auf dem Forum Romanum. Die Römer nannten das Opfer, bei dem diese drei Tiere geopfert wurden, suovetaurilia.

Dann werden die Tiere getötet und untersucht. Wenn die Zeichen nicht günstig sind, schlägt Cato die Opferung eines weiteren Schweines vor.
Diese Opferhandlung gab es auch bei der Weihung eines Tempels, der Weihung des Heeres und bei anderen wichtigen Ereignissen. Opfer fanden *vor* den Tempeln statt.

Die Blaue Moschee in Istanbul, erbaut 1607–1620 im Auftrag von Sultan Ahmed I.

3. In welchen Religionen gibt es heute Handlungen, die mit römischen Opfern vergleichbar sind?

Lektion 11 Wir lernen die Römer kennen: Rom und die Provinzen

Ein Brief aus Germanien

Der Nordosten Galliens und Germanien 8 n. Chr.

INFO

Das Alphabet der Germanen

Die Germanen lernten wahrscheinlich unter dem Einfluss der Etrusker und Römer die Schrift kennen, jedenfalls gibt es auffällige Ähnlichkeiten zwischen den Runen und den antiken Alphabeten im nördlichen Italien. Das Alphabet der Germanen nennt man Runen; es bestand ursprünglich aus 24 Zeichen – sicher kannst du die Ähnlichkeiten zum lateinischen Alphabet selbst entdecken.

Die Germanen verwendeten ihre Runen nicht unbedingt zum normalen Schreiben, sondern meist nur für kurze Inschriften von besonderer Bedeutung oder auch für Zauberei.

Runenalphabet der Germanen

sexaginta

Wir lernen die Römer kennen: Rom und die Provinzen — Lektion 11

Wir haben das Jahr 8 n. Chr. Publius Quinctilius Varus regiert im Auftrag des Kaisers über die Provinz Germanien. Es scheint Frieden in Germanien zu herrschen.
Der Cherusker Rufus hat lange in Rom gelebt und ist wie viele andere Germanen Soldat im römischen Heer. Nun marschiert er mit den römischen Truppen in seine Heimat und schreibt von dort einen Brief an seinen Bruder Flavus, der in Rom geblieben ist.

Rufus Flavo suo salutem dicit

Heri[1] litteras tuas accepi. Te bene valere valde gaudeo.
Scis me diu in exercitu Romano fuisse. Libenter miles exercitus Romani fui. Sed nunc propter salutem propinquorum meorum, qui in Germania vivunt[2], sollicitus[3] sum. Nunc vita nonnullorum propinquorum dura est.
5 Multi homines miseri sunt. Alii domus, alii etiam amicos propinquosque amiserunt. Nonnulli viri oppressi sunt. Iussu Vari feminae atque liberi capti et in servitutem ducti sunt. Nonnullos viros etiam iussu Vari necatos esse audiebam.

Itaque res Romanas laudare desino, postquam in Germaniam redii.
10 Diu cultum Romanorum laudabam, nunc autem crudelitas et facta Vari mihi in odio sunt. Patria mea a Romanis occupata est. Sed ubi sunt beneficia, quae magistratus Romani in alias provincias apportant?
Ubi sunt statuae, quibus oppida, domus foraque ibi ornata sunt?

Pax quamquam a principe nuntiata est, in Germania pax non est.
15 Sed Germanos de tumultibus cogitare apparet. Varus dux enim leges suas, quae mores Germanorum neglegunt, Germanis dedit. Constat multos homines ira et odio motos esse. Itaque tumultus magnos timeo …
Nunc satis de rebus Germanicis scripsi.

20 Vale! Matri nostrae salutem mitte!

1 heri (Adv.) gestern

2 vivere Leben

3 sollicitus, -a, -um beunruhigt

a Mit welchen Ausdrücken beschreibt Rufus in den Zeilen 4–9 das Leben in Germanien?
b Welche lateinischen Formulierungen lassen erkennen, dass es sich um einen Brief handelt?
c Du hast das Perfekt Passiv in der neuen Lektion kennengelernt; ein Beispiel ist *ornata sunt* in Zeile 13. Suche weitere Formen heraus.

▶ Grammatik S. 41–42

Lektion 11 — Entdecken, üben und verstehen

1. Dichtung und Wahrheit
Sortiere folgende Vokabeln nach Sachfeldern und gib den Sachfeldern eine Überschrift:
occupare – beneficium – amicus – servitus – necare – gaudium – capere – miser – durus – crudelitas – pax – mores – ira – mors – opprimere – salus – timor – dominus

2. Auf die Grundform kommt es an
Gib zu folgenden Partizipien den Infinitiv an und übersetze die Verben:
laudati – portatas – moto – servatum – capta – oppressi – necatos – nuntiatas

3. Was ist was? – Partizipien
▶ Arbeitsheft S. 56 Ü. 3
Suche aus den folgenden Formen die Partizipien heraus:
laeti – laudati – portas – portatas – moto – honesto – servum – servatum – sua – capta

4. Auf die Grundform kommt es an
Vervollständige die Stammformen:
nuntiavi – cepi – servo – oppressum – portavi – occupo – laudatus – nuntiatae – amissam

5. Eine gute Verbindung

▶ Arbeitsheft S. 58 Ü. 2

a Bestimme die folgenden Substantive und Pronomen nach Kasus, Numerus und Genus:

cultu
exercituum
domibus
tumultui
exercitus

is, eorum, eo,
eius, eos, ii,
eis, ei

b Ordne den Substantiven nach KNG passende Pronomen zu und übersetze.

6. Was ist was? – die Endung -us
a Bestimme die Formen der hervorgehobenen Wörter.
b Übersetze die Sätze.

1 regio, -onis f. Gegend

1. *Exercitus* Romanus Germanos opprimere non potuit.
2. Milites *exercitus* Romani in multas Germaniae regiones[1] venerunt.
3. Romani *tumultus* Germanorum semper timebant.
4. *Domus* Romanorum statuis ornatae sunt.

7. Eine andere Behandlung
Setze die folgenden Sätze ins Passiv; gehe folgendermaßen vor:
a Benenne in den Sätzen jeweils das Wort, das ins Passiv umgeformt wird, und gleiche zunächst das Prädikat an.
b Verwandle nun den gesamten Satz ins Passiv. Bei einem Satz geht es nicht.
Beispiel: Lucius portam aperuit. → Porta aperta est.

1. Magister discipulis fabulam narravit.
2. Pater filias delectavit.
3. Valeria amicum exspectavit.
4. Magister discipulos saepe laudavit.
5. Amicus in atrium cucurrit.
6. Turba senatores salutavit.

8. Leihweise

Mit der Kultur der Römer lernten die Germanen viele neue Dinge kennen, für die sie eigene Bezeichnungen benötigten. Dafür verwendeten sie einfach die lateinischen Wörter und „liehen" sich diese Bezeichnungen. Diese Wörter heißen deswegen Lehnwörter.

a Welche Wörter hat sich das Deutsche von diesen lateinischen Wörtern „geliehen":
fenestra, coquere, caseus, porta, murus, caulis?

b Du kannst diese Wörter zwei Bereichen zuordnen, in denen die Römer großen Einfluss auf die Germanen ausübten. Welche sind es?

c Die Römer haben sich später von den Germanen die *saipôn* geliehen.
Das Bild hilft dir herauszufinden, worum es sich dabei handelt. (Die Franzosen nennen es heute übrigens *savon*, die Italiener *sapone* und die Spanier *jabón*).

9. Loquamur Latine: Altersangaben (fakultativ)

Quot annos natus/nata es? – Undecim/Duodecim/Tredecim annos natus/nata sum.
Quot annos natus est tuus amicus? – ...
Quando tibi natalis dies est? – Die quarto decimo (mensis) Septembris.
Iulia maior/minor (natu) est quam Rufus.

10. Römische Spuren

Oft ist das Partizip der Vorzeitigkeit die Grundlage für ein Fremdwort im Deutschen. Von welchen lateinischen Verben stammen die unten stehenden Beispiele? Nenne alle Stammformen (Wenn du das Partizip noch nicht kennst, kannst du es dir vielleicht nun herleiten):
Kredit – Kultur – Motiv – Datum – Fakt – Intellekt – Ornat

11. Streichkonzert

Wähle jeweils einen passenden Infinitiv aus und übersetze:
1. Rufus dicit Germanos (oppressos esse/opprimere/oppressisse).
2. Scimus etiam discipulos Romanos libenter a magistro suo (laudavisse/laudare/laudatos esse).
3. Constat Romanos multos deos (culti esse/coluisse/colere).
4. Miles narrat Caesarem a senatoribus (necavisse/necatus esse/necatum esse).

Gut wiederholt – vorbereitet für Lektion 12

Marcus' Freundin heißt Calpurnia. Er liebt seine Freundin sehr. Marcus ist sehr glücklich. Auch Titus liebt seine Freundin.

Wer liebt wen?

Auf Handelsreise in Germanien

INFO

Die Varusschlacht 9 n. Chr.

Das Gebiet links des Rheins war römische Provinz; das Gebiet zwischen Rhein und Elbe, in das schon erfolgreiche Feldzüge unternommen wurden, sollte der Statthalter **Varus** im Auftrag des Kaisers Augustus auch zu einer römischen Provinz machen. 9 n. Chr. wurde Varus mit drei Legionen vermutlich bei Kalkriese (nahe Osnabrück) von den Germanen unter der Führung des **Arminius** vernichtend geschlagen.

Arminius, ein Cherusker, war römischer Bürger, hoher Offizier im römischen Heer und enger Vertrauter des Varus. Weshalb Arminius die Seiten gewechselt hat und seine ehemaligen Freunde in die Falle lockte, ist nicht geklärt; vermutlich war Arminius wie viele andere mit der Amtsführung des Varus unzufrieden.

Als Augustus die Nachricht von der Vernichtung der Legionen erhielt, soll er sich aus Trauer monatelang den Bart und Haare nicht mehr geschnitten haben. Seither haben die Römer den Plan aufgegeben, dieses Gebiet zu einer Provinz zu machen.

Wir lernen die Römer kennen: Rom und die Provinzen — Lektion 12

Seit der Schlacht im Raum des Teutoburger Waldes 9 n. Chr. sind bereits einige Jahre vergangen. Inzwischen leben Römer und Germanen friedlich nebeneinander.
Der junge Händler Publius Vorenus war zum ersten Mal mit seinem Pferdegespann nach Germanien gereist, um dort Geschäfte zu machen. Gerade ist er von der langen Reise wieder in seine Heimatstadt Aquileia zurückgekehrt. Sein Wagen ist beladen mit Gefäßen voll Honig, Fellen und Frauenhaar. Zuhause wird er schon von seiner Mutter Laelia erwartet.

Laelia: „Salve! Te salvum domum redisse gaudeo. Quid egisti? Laboresne magnos in itinere subisti?"
Publius: „Ego quoque gaudeo me nunc in patriam venisse. Iam antea de periculis Germaniae audiveram. Unus ex mercatoribus Romanis
5 nonnullas vias Germaniae non tutas esse mihi narraverat. Audiveram saepe mercatores mercibus spoliatos esse. Quamquam etiam tu me saepe de itineris periculis monueras, tamen pericula subire constitueram."
Laelia: „Quae pericula¹ subisti? Mihi narra!"
10 Publius: „Audi: Aliquando in via Germanica ursus² magnus subito ante oculos meos apparuit. Primum timore magno motus sum, quod ursus² mihi appropinquavit. Tum autem timorem oppressi. Denique auxilio aliorum virorum ursum² depellere potui, quamquam robur eius magnum fuit."
15 Laelia: „Quam beata sum ... – nam te in periculo esse non scivi! Tamen mihi narra: Nonne tibi placuit alias gentes cognoscere?"
Publius: „Mihi placuit iter in Germaniam facere et ignota novaque cognoscere. Multi mercatores in Germanorum fines eunt. Carri³ eorum vini aliarumque mercium pleni sunt. In Germanorum vicis mercatores
20 merces suas vendunt. Etiam ego merces meas ibi vendidi."
Laelia: „Ante paucos annos nonnullae gentes Germanorum hostes fuerunt. Nos Romani multa bella cum iis gentibus gessimus. Multi Romani et multi Germani suos suaque amiserunt. Tum in pace vitam agere cupiverunt. Quomodo homines hodie in Germania vitam agunt?"
25 Publius: „Nunc paene cuncti in pace vitam agunt. Itaque hodie nobis licet sine periculo magno in Germanorum fines ire et ibi merces vendere aut mutare. Ecce donum tibi apportavi: Sucinum⁴ est."

1 Quae pericula? Welche Gefahren?
2 ursus -i m. Bär
3 carrus -i m. Wagen

a Um welche Textsorte handelt es sich bei dem vorliegenden Text?
b Wer kommt wann zu Wort?
c Schreibe eine Fortsetzung des Textes – so, als ob es damals schon Interviews gegeben hätte.
d In den Zeilen 4–8 lernst du das Plusquamperfekt als neues Tempus kennen. Was kannst du daraus über den Inhalt dieses Textabschnittes schließen? Schreibe alle Plusquamperfektformen heraus. Was erfährst du über deren Bildung?
e Du hast *is*, *ea*, *id* bereits als Personal- und Demonstrativpronomen in Lektion 9 kennen gelernt. In den Zeilen 13 und 18 werden die Formen *eius* bzw. *eorum* auf eine andere Art verwendet. Was drückt der Genitiv in diesen Sätzen aus?

▶ Grammatik S. 45–46

▶ Grammatik S. 47

Lektion 12 | Entdecken, üben und verstehen

1. Das Wort – ein weites Feld
Bilde aus den angegebenen Wörtern Paare, die einen Gegensatz ausdrücken, und gib jeweils ihre Bedeutung an.
tacere – vita – scelus – respondere – vir – femina – dies – bellum – beneficium – magnus – mors – pauci – nox – parvus – multi – pax – rogare – dicere

2. Gut sortiert
▶ Arbeitsheft S. 61 Ü. 2

a Die Endung *-um* gibt es in mehreren Deklinationen. Sortiere die folgenden Formen nach den verschiedenen Deklinationen:
laborum – gentium – cultum – periculum – hostium – virum – locorum – ducum – vitarum – oppidum – sperum – frumentorum – donum

  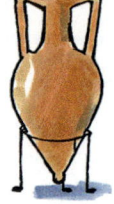  

a-/o-Deklination   e-Deklination   u-Deklination   konsonantische Deklination   gemischte Deklination

b Fülle die Lücken in den folgenden Sätzen sinnvoll aus den vorgegebenen Wörtern und übersetze (Es gibt mehrere Möglichkeiten):

1 carrus -i m. Wagen

1. Carrus[1] mercatoris ▬▬▬ plenus fuit.
2. Publius ▬▬▬ non timuit; ▬▬▬ Germanorum cognoscere cogitavit.
3. Filius Laeliae ▬▬▬ dedit.
4. Exercitus in ▬▬▬ finibus multa pericula timuit.

3. Was ist was?
a Bestimme die hervorgehobenen Wörter nach Kasus, Numerus und Genus.
b Übersetze die Sätze.
1. Mercator per *viam* cucurrit. Carrus[1] eius plenus *mercium* fuit.
2. Quamquam multi *filium* monuerant, *periculum* itineris subierat.
3. Timor *hostis* magnus fuit.
4. Multi viri *hominibus* merces vendiderunt.
5. Viri ab *exercitu* oppressi sunt.

4. Was ist was – sein oder ihr?
▶ Arbeitsheft S. 62 Ü. 5

2 varius, -a, -um verschieden

Übersetze die folgenden Sätze.
1. Publius et Marcus domum currunt. Carrus eorum rerum variarum[2] plenus est.
2. Mercator multas merces vendit. Etiam filia eius merces suas vendit.

5. Tauschbörse
Bilde zu den folgenden Verbformen das Plusquamperfekt und übersetze alle diese Verbformen:
mutant – demonstravi – exspectatus est – subeo – timebatis – tacuerunt – cognoscis – laudati estis – cucurristi – monemus

sex et sexaginta

Entdecken, üben und verstehen | Lektion 12

6. Satzbaustelle
Bevor Publius seine Reise begann, wurden ihm etliche Warnungen mit auf den Weg gegeben.

Ergänze die richtige Verbform zu den folgenden Satzanfängen und übersetze die Sätze:
1. Publius a Laelia de periculis itineris ▓▓▓▓.
2. Etiam nonnulli mercatores Publium ▓▓▓▓.
3. Unus e mercatoribus iuvenem de itinere molesto[3] ▓▓▓▓.
4. Iuvenis et amicus de sceleribus variis[2] ▓▓▓▓.
5. Publius iter parare constituerat, quamquam saepe ▓▓▓▓.

3 molestus -a, -um beschwerlich

monuerat - monitus erat – monuerant – moniti erant – monitus erat

7. Eine andere Behandlung (fakultativ)
a Setze die folgenden Sätze ins Passiv:
   Beispiel: Milites multa bella gesserant.   Multa bella a militibus gesta erant.
   1. Exercitus multos homines necaverat.
   2. Mercatores Romani merces multas mutaverant.
   3. Publius ursum[4] auxilio nonnullorum virorum depulerat.
   4. Filius Laeliae donum apportaverat.
b Übersetze die ins Passiv gesetzten lateinischen Sätze.

4 ursus -i m. Bär

8. Loquamur Latine: *ursus latex*
– das lateinische Gummibärchen
(fakultativ)

Beschreibt ein Substantiv der Lektionen 1–11 durch einen Relativsatz.
Beispiel:
„Vir, qui discipulos docet …" → „Magister est!"

„Quis tu es?" –
„Ursus latex sum."

Gut wiederholt – vorbereitet für Lektion 13

Wiederhole die Formen von *is, ea, id*. Welche Endungen musst du dir besonders merken?

septem et sexaginta

Lektion 13

Wir lernen die Römer kennen: Rom und die Provinzen

Ein Spanier in Rom (fakultativ)

Der bekannte Dichter Martial (40 n. Chr. – 104 n. Chr.) stammte aus Spanien und kam im Alter von 24 Jahren nach Rom. Er war zu seiner Zeit vielleicht einer der bekanntesten und witzigsten Dichter Roms und verkehrte in den höchsten Kreisen. Auch bei dem Senator Marcus Decimus Antonius war er zu einer „Party" eingeladen.

Decimus Antonius senator nonnullos amicos ad cenam[1] invitaverat. Primo amicos suos, qui poetae et viri prudentes et sapientes erant, in atrio salutavit. Postquam in triclinium ducti sunt, multis de rebus narrare coeperunt.

5 Dum narrant, alius amicus senatoris intravit. Etiam eum adesse viderunt, poetam magno cum gaudio salutaverunt. Cui nomen erat Martialis. Qui poeta se nuper[2] ex Hispania Romam venisse narravit. Martialis se in urbe Roma magno cum gaudio vitam agere et patriam suam a Roma et institutis et natura differre[3] dixit.

10 Martialis: „Bilbilis patria mea equis celeribus clara est. Sed aliae res pulchrae in Hispania non sunt. Audite: Illae gentes Hispaniae neque togam neque vestes Romanas amant! Illis autem circus et equi placent."

Decimus Antonius: „Sed nobis Romanis atria et domus nobilium placent, nos thermas, campum Martium, forum Romanum amamus."

1 cena, -ae f. Essen, Gastmahl
2 nuper (Adv.) neulich
3 differre a sich unterscheiden, verschieden sein von

Überprüfe, was du kannst | Lektion 11–13

Textvorerschließung

Verschaffe dir einen Überblick – wovon handelt der Text?
a Welche Informationen gibt dir die Textumgebung (Überschrift, Einleitungstext, Bild)?
b Welche Personen kommen im Text vor? An welchen Orten spielt der Text?
c Was für eine Art von Text liegt hier vor (Erzählung, Brief, Dialog)?
   Welche äußeren Anhaltspunkte im Text belegen deine Einschätzung?
d Welche Nomen, welche Verben kommen mehr als einmal im Text vor?

 Sammle Informationen zur Hauptperson des Textes.

Übersetzungstraining

a Welche Wörter gehören zusammen? Finde Wortblöcke (Substantiv, ggf. mit Präposition, + Attribut).
b Unterscheide Haupt- und Nebensätze. Wiederhole: Woran erkennst du, ob ein Haupt- oder Nebensatz vorliegt?
   Wo stehen in deutschen Haupt- und Nebensätzen die Prädikate?
c In einigen Sätzen ist das Subjekt nicht ausdrücklich genannt.
   Welche Person ist Subjekt? Begründe jeweils deine Entscheidung.

Übersetzung

Übersetze diesen Text.

Sprachbetrachtung

Vergleiche deine Ergebnisse mit der Lösung auf S. 133
a Falls du eine abweichende Erwartung über den Inhalt des Texts hattest: Welche Signale hast du falsch gedeutet?
b Welchen Vorteil hat es dir beim Übersetzen verschafft, dass du eine Vorstellung von dem Inhalt hattest?
 c Hast du nicht alle Wortblöcke herausgefunden? Dann solltest du im Grammatik-Begleitheft noch einmal nachlesen, was dort zum Thema „Kongruenz" steht (S. 10).
d Hattest du Schwierigkeiten, Haupt- und Nebensätze zu unterscheiden?
   Dann kannst du im Übersetzungstraining S. 86 und im Grammatik-Begleitheft S. 27 nochmals nachlesen.
e Warst du unsicher, wo das Prädikat im Deutschen steht? Dann lies noch einmal im Übersetzungstraining S. 86 bzw. im Grammatik-Begleitheft S. 11 nach.
f Hattest du Schwierigkeiten, dich bei *Attalo* (Z. 1) für einen Kasus und eine Rolle im Satz zu entscheiden? Lies dazu Grammatik-Begleitheft S. 18.

 Versuche, die Art deiner Fehler zu unterscheiden (Vokabeln, Formen des Verbs und des Nomens):
Bei zu vielen Vokabelfehlern: Wiederhole die Vokabeln der Lektionen 11–13.
Bei zu vielen Formenfehlern: Wiederhole Grammatik-Begleitheft S. 40–42, 44–46 und 48–49.

 Bei welchen Textpassagen hat dir deine Kenntnis der Vorgeschichte weitergeholfen?

tres et septuaginta

Lektion 11–13 | Heute und damals

Leben am Limes

Durch einen großen Zufall sind Reste von Briefen römischer Legionäre erhalten.
Die Soldaten waren am Hadrianswall in Schottland stationiert.
So liest man in einem Antwortschreiben an einen Legionär (2. Jh. n. Chr.):

*„Ich habe dir ein paar Socken geschickt, zwei Paar Sandalen und ein Paar Unterhosen.
Viele Grüße an ... und alle deine Kameraden, mit denen du hoffentlich gut auskommst."*

In einem anderen Brief lesen wir:
„Ein Freund hat mir 40 Austern aus Cordonovi geschickt."

INFO

Das Überleben einer römischen Legion in der Provinz wäre ohne Weizen nicht möglich gewesen. Weizen war der Hauptbestandteil der täglichen Nahrung. Außerdem gab es Speck, Käse und Gemüse. „Heere werden öfter durch Hungersnot als in der Schlacht aufgerieben." (Vegetius)
Eine Legion verbrauchte zwischen 4,75 und 5,225 t Weizen am Tag, das bedeutet zwischen 1734 und 1907 t Weizen im Jahr. Nicht vergessen werden dürfen zusätzliche Nahrung für die Reit-, Last- und Zugtiere. Dazu kommen Wein und Öl. Gelegentlich gab es Fleisch und Fisch. Die römische Würz-Soße *garum* wollten die Soldaten ständig vorrätig haben. Maultiere können bis zu 135 kg tragen, vierrädrige Wagen bis zu 650 kg.

Vierrädriger Transportwagen; römisches Relief aus Augusta Vindelicorum (Augsburg)

Das mittlere Rheintal (Rheinland-Pfalz)

1. Wie viele Maultiere benötigte eine römische Legion, um den Weizentransport für 1 Jahr zu sichern?
2. Im Jahr 2008 wurden auf allen Wasserstraßen des Rheingebietes 209 Millionen Tonnen Güter auf Binnenschiffen transportiert.

Heute und damals — Lektion 11–13

Leben in der Provinz

Der teilweise wiederaufgebaute römische Gutshof (Wohnhaus mit Bad) von Hechingen-Stein (Baden-Württemberg); Luftbild

Bauernhof Haslach im Kinzigtal (Ortenaukreis, Baden-Württemberg); Luftbild

3. Vergleiche die landwirtschaftlichen Anlagen. Sieh dir auch die Abbildung zu Lektion 4 auf S. 18 an.

Das frühe Rom

Das frühe Rom – eine raue Zeit

Romulus und Remus – Stadtgründung und Brudermord

Kapitolinische Wölfin. Bronze, 5. Jh. v. Chr.; die Zwillinge Romulus und Remus sind nicht in antiker Form erhalten und wurden viel später ergänzt.

Rom wurde von den Zwillingen Romulus und Remus gegründet. Der Sage nach waren eine Vesta-Priesterin von königlicher Herkunft namens Rea Silvia und der Kriegsgott Mars die Eltern der Zwillinge. Eine Vesta-Priesterin durfte nicht heiraten und schon gar nicht schwanger werden. Als nun Rea Silvia Romulus und Remus geboren hatte, wurden die frisch geborenen Zwillinge in einem Weidenkörbchen im Fluss Tiber ausgesetzt. Das Körbchen trieb an Land und eine vorbeikommende Wölfin fand die beiden vor Hunger weinenden Säuglinge darin. Doch zum Glück hatte die Wölfin Mitleid mit den hilflosen Zwillingen und gab ihnen Milch aus ihren Zitzen. Schließlich fanden Hirten die Wölfin, die Romulus und Remus friedlich stillte. Sie nahmen die Kinder an sich und zogen sie auf, ohne zu wissen, dass es sich um die Kinder der Rea Silvia mit königlicher Herkunft handelte.

Als Romulus und Remus schon fast erwachsen waren, kam ihre Herkunft an den Tag und sie beschlossen eine neue Stadt zu gründen: Rom. Um die Stadt vor äußeren Feinden zu schützen, baute Romulus eine Mauer. Doch die war zunächst noch so niedrig, dass sein Bruder Remus einfach darüber sprang, um sich über diese „Stadtmauer" lustig zu machen. Aus Zorn über diesen Spott soll Romulus seinen Bruder erschlagen haben.

Für das Jahr der Gründung Roms gibt es übrigens einen Merkspruch: 7 5 3 – Rom schlüpft aus dem Ei.

Raub der Sabinerinnen – Zwangsehe mit friedlichem Ausgang

Nicolas Poussin (1594 – 1665): Raub der Sabinerinnen. Ölgemälde.

Die neue Stadt Rom wuchs allmählich heran, aber sie hatte bald ein Problem: Es gab viel zu wenig Frauen und damit keine Hoffnung auf genug Nachwuchs. Die Nachbarstädte waren auch nicht bereit, ihre jungen Frauen mit den heiratswilligen Römern zu verheiraten.

Das frühe Rom

So überlegte sich Romulus eine List: Er lud die Familien der umliegenden Sabiner-Städte mit den unverheirateten Töchtern zu einem neuen Fest für den Gott Neptun ein. Als nun die eingeladenen Sabiner in Rom eingetroffen waren und das Fest begonnen hatte, stürzten sich die jungen Römer auf ein verabredetes Zeichen hin auf die sabinischen Mädchen und rissen sie mit Gewalt von ihren Familien fort. Die Mädchen weinten vor Schreck und wollten zu ihren Familien zurück. In der Folgezeit begannen die Sabiner aus Rache für den Mädchenraub einen Krieg gegen Rom, doch die Sabinerinnen wollten ein Blutvergießen zwischen ihren Ehemännern und ihren Vätern verhindern: Sie stellten sich tapfer zwischen die Heere. So kam es zum Frieden zwischen Rom und den Sabinern, und in der Folgezeit regierten abwechselnd römische und sabinische Könige in Rom.

Lucretia – eine ideale Frau?

Die Königszeit dauerte ungefähr 250 Jahre. Am Ende regierte eine etruskische Königsfamilie in der Stadt: die Tarquinier. Als Rom einen der vielen Kriege gegen Nachbarstädte führte, kam es im Feldlager zu einem „Gespräch unter Männern": Die jungen Soldaten lobten jeweils ihre Ehefrauen und gerieten in einen Wettstreit, welche Ehefrau wohl die beste sei. Man schlug vor, doch einfach einen Überraschungsbesuch bei den Frauen zu Hause zu machen, um zu sehen, was die Frauen in der Abwesenheit ihrer Männer so treiben. Zuerst kamen die Männer in das Haus des Sextus Tarquinius, eines Sohnes des Königs. Dort veranstalteten die Frauen gerade eine fröhliche Feier mit viel Wein. Anschließend kamen sie zum Haus des Collatinus. Dessen Frau Lucretia saß dort mit ihren Mägden und war mit Handarbeit beschäftigt, wie es sich damals für Ehefrauen gehörte. Der etruskische Prinz Sextus Tarquinius verliebte sich sofort in die hübsche und fleißige Lucretia, die offenbar viel bessere Eigenschaften hatte als seine eigene Frau.

Tizian: Lukrezia und Tarquinius. Ölgemälde (1515)

Nach der Rückkehr ins Feldlager kam der verliebte Sextus Tarquinius heimlich wieder zum Haus der Lucretia, um sie zu verführen. Doch sie weigerte sich zunächst standhaft. Daraufhin drohte Sextus Tarquinius damit, sie umzubringen und einen nackten Sklaven neben sie zu legen. Lucretia gab nach, d. h. sie wurde von Sextus Tarquinius vergewaltigt. Allerdings rief sie nach der Tat ihren Mann und seine Freunde, erzählte ihnen die Tat, ließ sie Rache schwören und brachte sich dann mit einem heimlich unter der Bettdecke versteckten Dolch um. Die Römer rächten sich: Sie vertrieben die Tarquinier aus Rom, schafften das Königtum ab und verwandelten den Staat in eine Republik.

septem et septuaginta

Das frühe Rom

Horatius Cocles – ein Held springt in den Tiber

Die Tarquinier sannen aber ebenfalls auf Rache: Sie hatten einen befreundeten Etrusker-König namens Porsenna aus der Stadt Clusium überredet, ihnen zu helfen. Die Etrusker griffen daher die Stadt an.

Als sie schon kurz davor waren, über eine Tiber-Brücke in die Stadt einzudringen und die ersten Römer bereits die Flucht ergriffen, rettete ein mutiger Mann die Stadt: Horatius Cocles. Er stellte sich den Etruskern entgegen und feuerte die Römer zum Weiterkämpfen an. Außerdem bewahrte er inmitten des Getümmels klaren Verstand und überlegte sich einen Plan: Die Römer hinter ihm sollten die Brücke abbrechen, um den Feinden den Weg abzuschneiden. Er selbst kämpfte vorn weiter, um die Etrusker abzuhalten. Als die Brücke laut krachend hinter ihm einstürzte, sprach Horatius Cocles ein Gebet zum Flussgott Tiber und stürzte sich in die Tiefe. Der Fluss beschützte ihn und ließ ihn sicher unter dem Pfeilhagel der Feinde auf die römische Seite des Ufers hinübergelangen.

Horatius Cocles und zwei Römer verteidigen die Tiberbrücke gegen die Etrusker. Französische Druckgrafik.

Mucius Scaevola – ein Mordanschlag auf den König

Doch die Etrusker ließen nicht locker. Porsenna setzte den Krieg gegen Rom fort und belagerte die Stadt mit der Aussicht auf Erfolg. Doch ein junger Römer namens Mucius wollte sich nicht mit der drohenden Etruskerherrschaft abfinden. Er drang heimlich in das Lager der Feinde ein, um König Porsenna mit einem versteckten Dolch zu ermorden. Als er im Etruskerlager war, saß neben dem König der prächtig gekleidete Schreiber des Königs und verteilte den Sold an die Soldaten. Mucius wusste nicht, wer von beiden der König war, und tötete daher versehentlich den Schreiber.

Er wurde verhaftet und vom König verhört. Mucius gab den Mordanschlag auf Porsenna offen zu und behauptete, außer ihm gebe es noch viele andere, die ihn ermorden wollten. Porsenna wollte ihn durch Folter zwingen, die genauen Mordpläne zu verraten; doch Mucius steckte freiwillig seine rechte Hand ins Feuer und ließ sie ohne Schmerzenslaute verbrennen. Porsenna erschrak, bewunderte aber auch diese erstaunliche Tat und ließ Mucius frei. Mucius soll anschließend nach dem Verlust seiner rechten Hand von den Römern den Beinamen Scaevola (Linkshänder) bekommen haben.

Antonio Pellegrini (1675 – 1741): Mucius Scaevola vor Porsenna. Ölgemälde

Cloelia – ein Mädchen beweist Mut

Domenico Beccafumi (1486 – 1551): Cloelia und die jungen Römerinnen fliehen aus dem Lager des Porsenna. Ölgemälde (1530 – 1535).

Porsenna aber war so verängstigt wegen des Mordanschlags und der Tollkühnheit des Mucius, dass er den Römern Friedensbedingungen anbot. Etrusker und Römer handelten einen Friedensvertrag aus, der den Abzug der Etrusker von Rom festlegte. Zur Sicherung des Vertrages mussten die Römer den Etruskern allerdings Geiseln stellen. Eine dieser römischen Geiseln bei den Etruskern war die junge Cloelia. Sie hatte natürlich von der Tat des Mucius Scaevola gehört und wollte auch zum Ruhm ihrer Heimatstadt Rom beitragen. Sie entkam aus dem etruskischen Lager, schwamm als Anführerin einer Gruppe junger Mädchen unter den Geschossen der Feinde durch den Tiber und brachte alle wohlbehalten nach Rom zu ihren Familien zurück.

Porsenna geriet zunächst über den Vertragsbruch in Zorn und verlangte die Geiseln zurück. Doch dann schlug sein Zorn in Bewunderung um und er verlangte nur Cloelia zurück. Er versprach sogar, sie wieder nach Rom zurückzuschicken, wenn man sie ihm wiederbrächte. Die Römer ließen sich darauf ein und übergaben Cloelia an Porsenna. Der König hielt ebenfalls Wort und erlaubte Cloelia sogar, einen Teil der noch verbliebenen Geiseln wieder nach Rom zurückzubringen. Cloelia suchte sich dafür die noch ganz jungen Kinder heraus, kam mit ihnen nach Rom zurück und wurde dort mit einer Reiterstatue geehrt.

Übersetzungstraining

Lesen in der Fremdsprache – übersetzen

Lesen gehört zu den alltäglichen Beschäftigungen. Man liest beim Frühstück, in Bahn und Bus, in der Badewanne, im Bett – und natürlich in der Schule. Lesen macht Spaß! Wenn du ein spannendes Buch liest, vergeht die Zeit wie im Flug und die Tätigkeit des Lesens ist dir dabei nicht bewusst.

Wie **funktioniert** eigentlich der **unbewusste Vorgang des Lesens**?

Man kann verschiedene **Teilschritte des Lesevorgangs** unterscheiden:

Du **erkennst** die **Buchstaben**, **ziehst** diese Buchstaben **zu Lauten zusammen**, **erfasst** den **Sinn** des Wortes, **stellst Beziehungen** zwischen den Wörtern **her**, **verstehst** zuerst **Sätze**, dann **Texte**.

Schon während du die ersten Wörter entzifferst, hast du eine **Vorstellung** davon, was der **Inhalt** des Textes sein könnte. Diese erste Vorstellung bestätigt oder verändert sich während des Lesens; nach der Lektüre kannst du dann sagen: „Im Text geht es um ...."

Lesen – verstehen – übersetzen

Es laufen also gleichzeitig **zwei verschiedene Vorgänge** ab: Einerseits versucht der Leser, den Text zu verstehen, indem er **von** den **Buchstaben** und **Wörtern ausgeht**.

Andererseits hat der Leser zunächst eine erste, noch sehr unklare **Vermutung**, worum es in dem Text insgesamt gehen könnte. Während er einzelne Bestandteile von Sätzen liest, bildet sich bei ihm eine immer **deutlichere Vorstellung** vom Inhalt des Textes.

Grundsätzlich funktioniert das Lesen von lateinischen Texten so wie das Lesen von Texten in deiner Muttersprache, allerdings viel langsamer, denn du kennst die Wörter und die Grammatik der lateinischen Sprache (noch) nicht.

Gedankliche Schritte auf dem Weg zum Verstehen des Textes, die beim Lesen in deiner Muttersprache ganz automatisch und unbewusst ablaufen, funktionieren beim Lesen lateinischer Texte nicht.

Du musst bei lateinischen Texten ganz **bewusst nach Wortbedeutungen** oder **grammatikalischen Zusammenhängen** suchen.

Deshalb ist es nützlich, sich beim Lesen lateinischer Texte die Teilschritte bewusst zu machen und diese Schritte an die Besonderheiten der lateinischen Sprache anzupassen. Im Übersetzungstraining lernst du diese Schritte jetzt kennen!

Übersetzungstraining

1. Vermutungen über den Textinhalt anstellen
2. Latein richtig aussprechen
3. Wörter erkennen und verstehen
4. Sätze gliedern
5. Sätze verstehen
6. Texte verstehen

Lesen – verstehen – übersetzen

Vermutungen über den Textinhalt anstellen

Welchen **Nutzen** hat der Leser/Übersetzer, wenn er vorher Vermutungen über den Inhalt anstellt?

Wörter und Formen und die Beziehungen der Wörter zueinander sind oft **mehrdeutig**. Wenn ich aber eine **begründete Vermutung** über den Inhalt habe, dann wird Zweideutiges **eindeutig**!

Herr Müller kauft sich ein *Schloss*.

Was kauft Herr Müller? Ein *Schloss*, um etwas zu *verschließen*, oder ein *Schloss*, um darin zu *wohnen*?

Wenn der Text davon handelt, dass Herr Müller Sorge hat, dass sein Fahrrad gestohlen wird, kann ich diese Frage beantworten!

Wie kannst du zu einer begründeten Vermutung kommen? Zunächst hilft dir die **„Textumgebung"**:

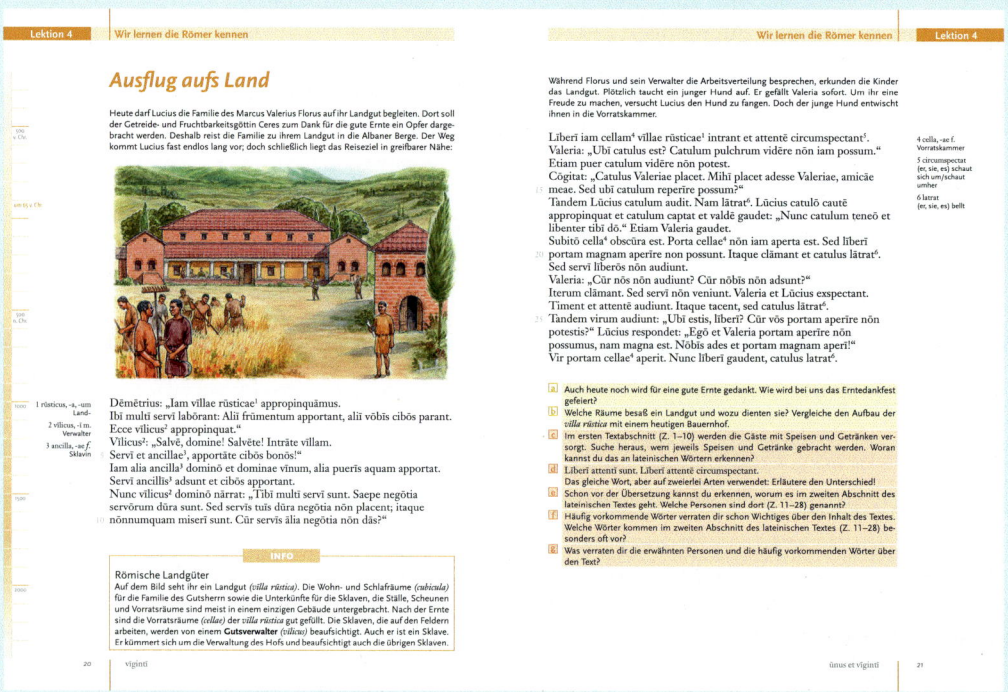

Die Texte, die du in diesem Buch findest, sind in eine Umgebung „eingebettet": Sie sind Teil einer Lektion, die ein **Thema** hat; dieses Lektionsthema muss sich in den Texten wiederfinden!

Die Überschrift lautet: *Ausflug aufs Land* – und genau darum wird es wohl auch in diesem Text gehen!

In den Lektionen findest du auch **Bilder**, **Zeichnungen** oder **Karten**. Sie veranschaulichen das Thema der Texte. Wenn du nun das Lektionsthema zu dem Bildmaterial in Beziehung setzt, wird aus deiner ersten Vermutung eine **deutlichere** und **klarere Vorstellung** vom Inhalt des Textes.

Die Abbildung auf S. 18 zeigt ein Bild vom Leben auf dem Land: Leute, die auf dem Feld arbeiten, Gebäude, die ähnlich wie ein Bauernhof aussehen. Sind die Kinder auf dem Bild vielleicht Lucius und Valeria? Auf jeden Fall weisen das Bild und die Lektionsüberschrift darauf hin, dass der Text von einem Ausflug aufs Land handelt!

Lesen – verstehen – übersetzen

Jeder Lektionstext hat einen deutschen **Einleitungstext**. Dieser Text hat die Aufgabe, in den lateinischen Text einzuführen; das bedeutet, dass der lateinische Text die Fortführung des Einleitungstextes ist. Wenn du also sorgfältig die Aussagen des Einleitungstextes zusammenstellst, kannst du **Schlüsse** ziehen, **wie es** wahrscheinlich **weitergeht**.

Jetzt kannst du deine bisherigen Vermutungen mit deinen neuen Erkenntnissen vergleichen: Wird deine Vermutung bestätigt, erfährst du neue Einzelheiten? Musst du deine Vermutung vielleicht ändern?

Außerdem bringt dich ein **Blick von „oben"** auf den Lektionstext weiter:

Fallen dir beim Überfliegen des Textes **Eigennamen** (Personen, Orte) auf, die auf einen bestimmten **Textinhalt** hinweisen?

Manchmal gibt der Aufbau des Textes Hinweise: **Eigennamen**, denen eine **direkte Rede** (Anführungszeichen) folgt, lassen den Schluss zu, dass eben diese Personen sich miteinander unterhalten.

Auch die **Personalendungen** der **Prädikate** liefern sichere Hinweise: **1.** und **2. Person** (ich, du, wir, ihr) verraten dir, dass ein **Gespräch** geführt wird. Siehst du am häufigsten die **3. Person**, dann deutet das auf eine **Erzählung** über ein Ereignis, einen Ort oder über einen Menschen hin.

Wiederholungen von **Wörtern** (Nomen, Verben) weisen auf ein **Thema** des Textes hin. Wenn du beim Überfliegen darauf achtest, welche Wörter mehr als einmal wiederholt werden, diese sammelst und dir dann überlegst, in welcher Beziehung sie zueinander stehen, erhältst du wertvolle Hinweise auf den Inhalt des Textes.
Im **Zusammenspiel** einiger dieser Verfahren kannst du vor dem Übersetzen wirklich **begründete Vermutungen** über den Inhalt eines Textes anstellen!

Der Einleitungstext bestätigt die Vermutung: Lucius und Valeria sind dabei, der Ausflug geht auf das Landgut des Senators. Der 2. Einleitungstext verrät, dass Lucius einen Hund zu fangen versucht. Gelingt ihm das?

Im ersten lateinischen Text sieht man sofort, wer spricht: Demetrius, der Lehrer der Kinder (Ob er – typisch Lehrer – etwas erklärt?) und ein gewisser *vilicus*, der Verwalter des Landgutes.

Im zweiten lateinischen Text kannst du die Namen der beiden Kinder entdecken: Wahrscheinlich versuchen sie, den Hund zu fangen. Dann spricht am Ende des Textes ein Unbekannter die Kinder an. Die Anführungszeichen zeigen dir, wer mit wem ein Gespräch führt.

Im ersten lateinischen Text fallen folgende Wortwiederholungen auf:
appropinquamus, appropinquat: Da kommt jemand näher; *vilicus* (3 mal): der Verwalter, und zwar im Nominativ und demnach als Subjekt: Er macht wohl einiges.
servi (3 mal), *servis* (2 mal), *servorum*; *ancillae, ancilla, ancillis*: 9 mal werden in diesem kurzen Text Sklaven und Sklavinnen erwähnt: Sie stehen wahrscheinlich im Mittelpunkt dieses Textes.
negotia (2 mal) und *dura* (2 mal): harte Tätigkeiten – Handelt es sich dabei um die Arbeit der Sklaven?
villa (2 mal): Das ist der Ort der Handlung, das Landgut.
cibos (2 mal): Wer bekommt wohl diese Speisen? Vielleicht die angekommenen Gäste nach ihrer langen Reise?

Lesen – verstehen – übersetzen

Līberī iam cellam⁴ vīllae rūsticae¹ intrant et attentē circumspectant⁵.
Valeria: „Ubī catulus est? Catulum pulchrum vidēre nōn iam possum."
Etiam puer catulum vidēre nōn potest.
Cōgitat: „Catulus Valeriae placet. Mihī placet adesse Valeriae, amīcae
15 meae. Sed ubī catulum reperīre possum?"
Tandem Lūcius catulum audit. Nam lātrat⁶. Lūcius catulō cautē
appropinquat et catulum captat et valdē gaudet: „Nunc catulum teneō et
libenter tibī dō." Etiam Valeria gaudet.
Subitō cella⁴ obscūra est. Porta cellae⁴ nōn iam aperta est. Sed līberī
20 portam magnam aperīre non possunt. Itaque clāmant et catulus lātrat⁶.
Sed servī līberōs nōn audiunt.
Valeria: „Cūr nōs nōn audiunt? Cūr nōbīs nōn adsunt?"
Iterum clāmant. Sed servī nōn veniunt. Valeria et Lūcius exspectant.
Timent et attentē audiunt. Itaque tacent, sed catulus lātrat⁶.
25 Tandem virum audiunt: „Ubī estis, līberī? Cūr vōs portam aperīre nōn
potestis?" Lūcius respondet: „Egō et Valeria portam aperīre nōn
possumus, nam magna est. Nōbīs ades et portam magnam aperī!"
Vir portam cellae⁴ aperit. Nunc līberī gaudent, catulus lātrat⁶.

Im zweiten lateinischen Text kommt besonders oft das Wort *catulus*, Hund, vor:
Das passt zum Einleitungstext. Dieser Hund bellt ziemlich viel – das Verb *latrat* wird nämlich oft wiederholt.
Außerdem kommt das Wort *cella* oft vor. Dort verschwindet der Hund laut Einleitungstext, und die Kinder versuchen ihn dort wahrscheinlich zu fangen.
Porta und *aperire* fallen noch auf: Eine Tür spielt offenbar eine Rolle und wie/ob/dass sie zu öffnen ist. Jetzt ist vor dem Übersetzen fast schon klar, worum es im Text der Lektion 4 geht!

Latein richtig aussprechen

Anders als in den modernen Fremdsprachen, z. B. in Englisch und Französisch, geht es im Lateinunterricht nicht darum, sich Lateinisch unterhalten zu können. Trotzdem ist es wichtig zu wissen, wie lateinische Wörter ausgesprochen werden, und sie auch laut auszusprechen. Dafür gibt es mehrere Gründe:

1. **Sprache** kommt von **sprechen**; du kannst dir Wörter besser **merken** und Wörter leichter lernen, wenn du weißt, wie sie ausgesprochen werden, und sie auch ausprichst, und zwar laut!

   Liberi pila ludunt.
   Welcher Kasus ist pila? Nominativ oder Ablativ?

2. Die richtige Aussprache hilft dir, bei mehrdeutigen Formen die im Text verwendete Form zu erkennen.

   Deine Lehrkraft wird dir diesen Satz so vorlesen:
   Liberi pilā ludunt. Langes a – Ablativ, alles klar!

3. In der Regel liest dir die Lehrkraft den lateinischen Text vor. Es lohnt sich, hier auf den **Lesevortrag** zu achten: Wörter, die grammatisch und inhaltlich zusammengehören, werden zusammen gelesen und von den anderen durch größere Pausen getrennt.

   Servī   māchinā trāctōriā   statuās pulchrās
   dē carrīs   tollunt.

Lesen – verstehen – übersetzen

Wörter erkennen und verstehen

Es gibt einen grundlegenden Unterschied zwischen der deutschen und lateinischen Sprache: Während im **Deutschen** die **Rolle**, die die Wörter **im Satz** spielen, z. B. **durch Artikel** und **Personalpronomen** verdeutlicht wird, geschieht dies im **Lateinischen** durch **Endungen**.
Du achtest im **Deutschen** also immer auf den **Anfang des Wortes**, weniger auf das Wortende.
Im **Lateinischen** dagegen musst du besonders auf das **Wortende** achten.

Ich sehe den Hund.   *Video catulum.*

Wenn du einen Satz übersetzt, beschäftigst du dich zunächst mit den einzelnen **Wörtern**. Du versuchst, ihre **Bedeutung** zu erfassen, und manchmal ist dir schon durch die Bedeutung der Wörter klar, welchen **Sinn** der Satz haben könnte.

Obelix militem Romanum verberat.
(*verberare* verprügeln)

Was sagt dir deine Lebenserfahrung? Wer verprügelt wen? Wie kannst du das beweisen?

Das funktioniert manchmal. Besser findest du dich zurecht, wenn du dir genau die **Endungen** anschaust, denn sie geben dir Auskunft darüber, in welcher **Beziehung** die **Wörter zueinander** stehen, welche **Wörter zusammengehören** und welche **Rolle** sie im **Satz** einnehmen.

Schon beim Vokabellernen bereitest du dich auf das Übersetzen vor, wenn du die Vokabeln „richtig" lernst! Es genügt nicht, nur die deutsche Bedeutung zu lernen. Auch die **weiteren Angaben** zu dem lateinischen Wort sollten mitgelernt werden. Sie geben dir nämlich wichtige Hinweise für die Übersetzung.

senator, -oris m. Senator
Der Genitiv *senatoris* zeigt an, dass dieses Wort zur konsonantischen Deklination gehört. Jetzt ist klar, wie das Wort dekliniert wird; außerdem kann ich nun die Kasus im lateinischen Text bestimmen!
Dieses Wort hat das Genus maskulinum – nun kann das zugehörige Adjektiv als Attribut sicherer bestimmt werden. – Es muss auch maskulinum sein!

Wenn mehr als eine deutsche Bedeutung angegeben ist, welche muss dann gelernt werden? Ganz klar – alle! Dir kann es sonst passieren, dass du eine unpassende Bedeutung lernst.

Lucius et Quintus servo adesse cupiunt.
Lucius und Quintus wollen dem Sklaven helfen.

Lucius: „*Quintus adest!*"   Lucius: „Quintus ist da!"
Wie würdest du diese beiden Sätze verstehen und übersetzen, wenn du nur eine Bedeutung von *adesse* wüsstest?

Besonders gut lernst du, wenn du dir beim Lernen klar machst, was das lateinische Wort **eigentlich bedeutet**. Du musst das lateinische Wort nicht mit genau der Bedeutung, die im Buch steht, wiedergeben. Um den deutschen Ausdruck zu verbessern, kannst du **ein anderes**, **passenderes** Wort einsetzen.

intrare betreten – das bedeutet irgendwo hineingehen.
Wenn du dir das klargemacht hast, kannst du folgenden Satz besonders gut übersetzen:
„*Curiam intra!*" – „Geh in die Kurie hinein!"

Sätze gliedern

Übersicht ist alles – auch beim Übersetzen! Wenn die Sätze länger werden, empfiehlt es sich, vor dem Übersetzen die Sätze zu **gliedern**.

Multi senatores de pace et bello disputant, dum Lucius forum Romanum, centrum imperii Romani, spectat.

1. Gliederungsebene: Haupt- und Nebensätze

Wie kann man Haupt- und Nebensätze **unterscheiden**?
Woran **erkennt** man **Hauptsätze**?
Alle die Sätze sind Hauptsätze, die keine Nebensätze sind.
Alle die Sätze sind **Nebensätze**, die durch eine **Subjunktion** (z. B. *dum*) oder durch ein **Relativpronomen** eingeleitet werden.

dum Lucius ... spectat
Das ist ein Nebensatz, denn *dum* ist eine Subjunktion.

Kombiniere: *multi senatores ... disputant* – das ist demnach der Hauptsatz!

2. Gliederungsebene: Wortblöcke

Im Haupt- und im Nebensatz werden nun jeweils die **Wortblöcke** abgetrennt.
Welche Wortblöcke kennst du bereits?

– Nomen + adjektivisches Attribut
– Nomen + substantivisches Attribut
– Präposition + Nomen

multi senatores
centrum imperii
de pace et bello

3. Wohin kommt das Prädikat in der deutschen Übersetzung?

Das **Prädikat** des **Hauptsatzes** kommt an die **zweite Stelle**.

Multi senatores de pace et bello disputant.
Das Prädikat wird also im Deutschen nach *senatores* eingefügt.

Das **Prädikat** des **Nebensatzes** kommt an das **Ende** des Satzes.

dum Lucius ... spectat   Das Prädikat kommt hier auch im Deutschen an die letzte Stelle!

Wenn du einen Satz so gegliedert hast, gelingt die Übersetzung gut!

Tipps zum Vokabellernen

Was steht eigentlich alles im Vokabelverzeichnis?

Im Vokabelverzeichnis stehen links lateinische Wörter, dabei viele Zusatzinformationen, in der Mitte deutsche Bedeutungen und rechts verwandte Wörter moderner Sprachen:

hora, -ae *f.* die/eine Stunde (*engl.* hour; *fr.* heure; *sp.* hora; *it.* ora)

Dem lateinischen Wort sind oft grammatische Informationen hinzugefügt (hier Genitivendung *-ae* und *f.*; das Wort *hora* gehört also zur a-Deklination und hat das Genus femininum).
Diese Informationen sind wichtig, um Formen der Wörter im Text richtig bestimmen zu können. Das ist für die Übersetzung entscheidend. Weiteres dazu im Übersetzungstraining S. 85.
In der Spalte rechts von den deutschen Bedeutungen findest du als Lernhilfe zusätzliche Informationen zum Fortleben des lateinischen Wortes in modernen Sprachen: Wenn du die Bedeutung des Wortes aus einer anderen Sprache schon kennst, nützt dir das beim Lernen.

Wie sollte man Vokabeln lernen?

Mäßig, aber regelmäßig! Mäßig: Nicht mehr als ungefähr sieben Vokabeln in einem Lerndurchgang. Sonst besteht die Gefahr, dass du vieles in deinem Kopf durcheinanderwirfst.
Regelmäßig: Nach nur einem Tag hast du ungefähr die Hälfte des Gelernten wieder vergessen, wenn du es nicht wiederholst! Du solltest also regelmäßig, möglichst täglich, Vokabeln wiederholen.

Welche Lerntechniken gibt es?

Abdecken der Bedeutungen
Halte die mittlere Spalte mit den deutschen Bedeutungen zu und überlege, welche Bedeutung zu dem lateinischen Wort passt. Überprüfe das, indem du die mittlere Spalte aufdeckst. Wiederhole später, was du noch nicht wusstest. Das machst du so lange, bis du alle Bedeutungen weißt.

Lernen mit dem Ampelkasten
Lege für jedes lateinische Wort eine Karteikarte an. Lege sie in das rote Fach *Lernen*.
Prüfe nun dein Wissen: Lege die Vokabelkarten, die du auf Anhieb konntest, in das gelbe Fach *Wiederholen*. Was du nicht oder nicht sicher konntest, bleibt im Fach *Lernen*.

Nimm dir die Karteikarten nach nicht allzu langer Zeit erneut vor: Lege die Karten des gelben Faches, wenn du sie konntest, in das grüne Fach *Wissen*, die Karten des roten Faches, wenn du sie konntest, in das gelbe Fach. Lege die Karten des gelben Faches, die du nicht konntest, zurück in das rote Fach. Auch die Karten des roten Faches müssen da bleiben, wenn du sie noch nicht konntest.
Übe so lange, bis alle Karten im grünen Fach gelandet sind.

Tipps zum Vokabellernen

Vokabelheft
Manche Menschen können sich Dinge gut merken, wenn sie sie (öfter) aufschreiben. Im Vokabelheft kannst du auch zusätzliche Lernhilfen notieren, z. B. verwandte Wörter, Wörter, die das Gegenteil bedeuten oder Eselsbrücken.

Vokabeln hören
Manche Menschen können sich Dinge gut merken, die sie (oft) hören. Wenn du zu diesem Typ gehörst, kannst du die Vokabeln (lateinisches Wort – Zusatzinformationen – deutsche Bedeutungen) aufnehmen und sie dir auch mehrmals vorspielen.

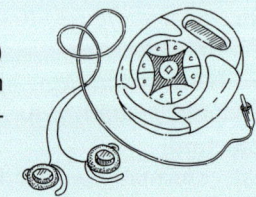

Lernen mit anderen
Manche Menschen können sich Dinge gut merken, wenn sie mit anderen zusammen lernen. Es macht Spaß und ist nützlich, wenn ihr euch gegenseitig Vokabeln abfragt – in beliebiger Reihenfolge.

Computer-Lernprogramme
Ein Computer hat immer Zeit, verliert nie die Geduld und ist unbestechlich. Er gibt dir eine sofortige Rückmeldung, ob du die Vokabeln beherrschst. Ein gutes Lernprogramm ermöglicht dir, die Vokabeln auf verschiedene Weisen zu üben.

Welche Lerntechnik ist die beste für dich?

Das musst du selbst ausprobieren. Die Menschen lernen verschieden, gehören unterschiedlichen Lerntypen an. Wenn du also merkst, dass du mit einer bestimmten Lerntechnik die Vokabeln besonders leicht lernst und behalten kannst, dann ist sie die richtige für dich!

Im Vokabelverzeichnis sind links die lateinischen Wörter genau in der Reihenfolge aufgeführt, in der sie im Lektionstext vorkommen. Die Ziffern links am Rand neben den Vokabeln erleichtern das Abzählen.
In der mittleren Spalte findest du die deutschen Bedeutungen der Vokabeln. In der rechten Spalte stehen deutsche, englische, französische, spanische und italienische Vokabeln, die ebenfalls von der lateinischen Vokabel abgeleitet sind. Oft kannst du hier Merkhilfen finden (Beispiel *Video*). Du siehst aber auch, wie die Kenntnis lateinischer Vokabeln es dir erleichtert, Wörter moderner Sprachen zu verstehen. Die aufgeführten Wörter sind entnommen
– dem *Schülerduden Wortgeschichte* (Deutsch)
– dem Lernvokabular des Lehrwerkes *English G 21 A1* (Englisch)
– dem Lernvokabular des Lehrwerkes *À plus! Band 1* (Französisch)
Über 90% der Vokabeln der romanischen Sprachen stammen aus dem Lateinischen. Entsprechend umfangreich ist die Zahl der möglichen Vergleichswörter aus dem Spanischen und Italienischen. Hier sind nur ausgewählte Beispiele aus dem alltäglichen Vokabular angegeben.

Nenne selbst weitere verwandte Wörter aus dem Spanischen, Italienischen oder anderen dir bekannten Sprachen.

Lektion 1

stat	(er, sie, es) steht	*engl.* stands
exspectat	(er, sie, es) erwartet, wartet (auf)	
subitō *(Adv.)*	plötzlich	
intrat	(er, sie, es) betritt, kommt herein	*fr.* entre; *sp.* entra
5 **avus** *m.*	der/ein Großvater	
est	(er, sie, es) ist	*engl.* is; *fr.* est; *sp.* es; *it.* è
gaudet	(er, sie, es) freut sich	
et **et … et**	und; auch sowohl … als auch	*fr.* et; *sp.* e/y; *it.* e
rīdet	(er, sie, es) lacht	
10 **salūtat**	(er, sie, es) grüßt, begrüßt	*fr.* Salut!, Hallo!, Grüß Dich!, auch Tschüss!
valdē *(Adv.)*	sehr	
amat	(er, sie, es) liebt	*fr.* aime; *sp./it.* ama
nunc *(Adv.)*	nun, jetzt	*engl.* now
puella *f.*	das/ein Mädchen	
15 **appropinquat**	(er, sie, es) nähert sich, kommt näher	
videt	(er, sie, es) sieht	*dt.* das Video; *sp.* ve
tum *(Adv.)*	da; dann, darauf; damals	
autem *(nachgestellt)*	aber, jedoch	
cōgitat	(er, sie, es) denkt (nach), überlegt, beabsichtigt	

20 quid?	was?	
portat	(er, sie, es) trägt, bringt	*fr.* porte
ecce!	sieh (mal)! schau (mal)! da!	
dōnum *n.*	das/ein Geschenk	
iterum *(Adv.)*	wiederum, zum zweiten Mal, noch einmal	

Lektion 2

māgnus, -a, -um	groß; bedeutend	
spectat	(er, sie, es) betrachtet, sieht/ schaut an	
turba *f.*	die/eine Menschenmenge, die/ eine Masse, das/ein Gewimmel	
adest *(beim Dat.)*	(er, sie, es) ist da; hilft	
5 fīlius *m.* fīlia *f.*	der/ein Sohn die/eine Tochter	*dt.* die Filiale; *fr.* fils; *it.* figlio *fr.* fille; *it.* figlia
respondet	(er, sie, es) antwortet	*fr.* répond
dominus *m.* domina *f.*	der/ein Herr, der/ein Hausherr die/eine Herrin, die/eine Hausherrin	*dt.* dominieren
amplus, -a, -um	weit, groß, geräumig	
multus, -a, -um multī, -ae, -a	viel viele, zahlreiche	*dt.* multiplizieren
10 patrōnus *m.*	der/ein Patron; der/ein Anwalt; der/ein Beschützer	
itaque	deshalb, daher	
cūnctī, -ae, -a	alle	
auxilium *n.*	die/eine Hilfe, die/eine Unterstützung	
spērat	(er, sie, es) hofft (auf), erhofft	*sp.* espera
15 servus *m.* serva *f.*	der/ein Sklave die/eine Sklavin	*dt.* servieren
labōrat	(er, sie, es) strengt sich an, arbeitet	*dt.* das Labor
negōtium *n.*	die/eine Tätigkeit, die/eine Aufgabe	
sed	aber; sondern	
nōn	nicht	*engl.* no; *fr.* non; *sp./it.* no *dt.* nein
20 cūr?	warum?	
quis?	wer?	*fr.* qui?

	iam *(Adv.)*	schon; jetzt; bald	
	nōn iam	nicht mehr	
	appāret	(er, sie, es) erscheint, zeigt sich	
	salvē! salvēte!	Hallo! Sei gegrüßt! Guten Tag! Hallo! Seid gegrüßt! Guten Tag!	
25	avē! avēte!	Sei gegrüßt! Seid gegrüßt!	
	gaudium *n.*	die/eine Freude, das/ein Vergnügen	
	etiam	auch; sogar	

Lektion 3

	discipulus, -ī *m.* discipula, -ae *f.*	der/ein Schüler die/eine Schülerin	*dt.* die Disziplin
	bonus, -a, -um	gut	*fr.* bon, bonne; *sp.* bueno, -a; *it.* buono, -a
	meus, -a, -um	mein	*engl.* my; *fr.* mon, ma; *sp.* mío, mía; *it.* mio, mia
	magister, magistrī *m.* magistra, -ae *f.*	der/ein Lehrer die/eine Lehrerin	*dt.* der Meister *dt.* die Meisterin
5	noster, nostra, nostrum	unser	*fr.* notre; *sp.* nuestro, -a; *it.* nostro, -a
	tuus, -a, -um	dein	*fr.* ton, ta; *sp.* tuyo, tuya; *it.* tuo, tua
	grātus, -a, -um	dankbar; willkommen; nett	
	puer, puerī *m.* puerī, puerōrum *m.*	der/ein Junge (die) Kinder	
	lūdus, -ī *m.*	die/eine Schule; das/ein Spiel	
10	nam	denn	
	nōs *(Nom. u. Akk.)*	wir *(Akk.* uns)	*fr.* nous; *it.* noi
	laudat, laudō	(er, sie, es) lobt; ich lobe	
	libenter *(Adv.)*	gern	
	vōs *(Nom. u. Akk.)*	ihr *(Akk.* euch)	*fr.* vous; *it.* voi
15	miser, misera, miserum	unglücklich, elend	
	vester, vestra, vestrum	euer	*fr.* votre; *sp.* vuestro, -a; *it.* vostro, -a
	tū *(Akk.* tē)	du *(Akk.* dich)	*fr.* tu; *sp.* tú; *it.* tu
	hīc *(Adv.)*	hier	
	fābula, -ae *f.*	die/eine Geschichte, die/eine Erzählung, die/eine Sage	*dt.* die Fabel

Lektion 3–4 — Vokabelverzeichnis

20	**Graecus, -a, -um**	griechisch	*sp.* griego, -a; *it.* greco, -a
	Graecus, -ī *m.*	der/ein Grieche	*sp.* griego; *it.* greco
	Graeca, -ae *f.*	die/eine Griechin	*sp.* griega; *it.* greca
	audit, audiō	(er, sie, es) hört; ich höre	*engl.* audience *die Zuschauer, die Zuhörer, das Publikum*
	pulcher, pulchra, pulchrum	schön	
	nārrat, nārrō	(er, sie, es) erzählt; ich erzähle	
	venit, veniō	(er, sie, es) kommt; ich komme	*fr.* vient; *sp./it.* viene
25	**attentus, -a, -um**	aufmerksam	
	tacet, taceō	(er, sie, es) schweigt; ich schweige	
	verbum, -ī *n.*	das/ein Wort	*dt.* das Verb; *engl.* verb
	egō *(Akk.* **mē***)*	ich *(Akk.* mich*)*	*dt.* egoistisch; *sp.* yo; *it.* io
	littera, -ae *f.*	der/ein Buchstabe	*engl.* letter *der Buchstabe; der Brief*
	litterae, -ārum *(Pluralwort) f.*	der/ein Brief; (die) Literatur; die/eine Wissenschaft	
30	**tabula, -ae** *f.*	die/eine Tafel; das/ein Bild	*dt.* die Tafel, die Tabelle; *engl./fr.* table; *it.* tavola

Lektion 4

	vīlla, -ae *f.*	das/ein Landhaus, das/ein Landgut	
	ibī *(Adv.)*	dort	
	alius, alia, aliud *Gen.:* **alterīus** *Dat.:* **alterī** *(selten* **aliī***)*	ein anderer	
	alius … alius **aliī … aliī**	der eine … der andere die einen … die anderen	
	frūmentum, -ī *n.*	das/ein Getreide	
5	**cibus, -ī** *m.*	die/eine Speise, (das) Futter	
	apportāre, apportō	(herbei)bringen	
	parāre, parō	(zu)bereiten	*engl.* (to) prepare; *fr.* préparer
	vīnum, -ī *n.*	der/ein Wein	*sp./it.* vino
	aqua, -ae *f.*	(das) Wasser	*dt.* das Aquarium; *fr.* eau; *sp.* agua; *it.* acqua
10	**saepe** *(Adv.)*	oft	
	dūrus, -a, -um	hart; streng	*dt.* Dur
	placēre, placeō	gefallen	*engl.* please *bitte*; *fr.* s'il vous plaît *bitte*; *wörtlich: wenn es Ihnen gefällt*
	nōnnumquam *(Adv.)*	manchmal	

Vokabelverzeichnis — Lektion 4–5

	dare, dō	geben	*dt.* der Dativ; *sp.* dar
15	**līberī, -ōrum** *m.* *(Pluralwort)*	(die) Kinder	
	ubī? *(Adv.)*	wo?	*fr.* où?
	catulus, -ī *m.*	der/ein junge(r) Hund	
	posse, possum	können	*fr.* pouvoir
	amīcus, -ī *m.*	der/ein Freund	*fr.* ami; *sp.* amigo; *it.* amico
	amīca, -ae *f.*	die/eine Freundin	*fr.* amie; *sp.* amiga; *it.* amica
20	**reperīre, reperiō**	finden, wiederfinden	
	tandem *(Adv.)*	endlich, schließlich	
	cautus, -a, -um	vorsichtig	
	captāre, captō	greifen, fassen	
	tenēre, teneō	(fest)halten	*sp.* tener; *it.* tenere
25	**obscūrus, -a, -um**	dunkel	
	porta, -ae *f.*	die/eine Tür, das/ein Tor	*dt.* der Portier; *fr.* porte
	apertus, -a, -um	offen	*sp.* abierto, -a
	aperīre, aperiō	öffnen	*dt.* der Aperitif
	clāmāre, clāmō	schreien, laut rufen	
30	**timēre** *(mit Akk.)*, **timeō**	fürchten, Angst haben vor	
	timēre *(mit Dat.)*, **timeō**	fürchten für, in Angst sein um	
	vir, virī *m.*	der/ein Mann	

Lektion 5

	rūrsus *(Adv.)*	wieder, wiederum	
	per *(mit Akk.)*	durch	*fr.* par exemple *zum Beispiel*
	Rōma, -ae *f.*	Rom	
	īre, eō	gehen; reisen	*sp.* ir
5	**quō?** *(Adv.)*	wohin?	
	ad *(mit Akk.)*	zu, nach; bei	
	circus, -ī *m.*	der/ein Zirkus (Veranstaltungsort)	*fr.* cirque
	equus, -ī *m.*	das/ein Pferd	
	dēsīderāre, dēsīderō	wünschen, begehren	
10	**dēlectāre, dēlectō**	Freude bereiten, Spaß machen	
	in *(mit Akk.)*	in, nach *(auf die Frage: wohin?)*	
	iuvat	es freut, es macht Spaß	
	prope *(mit Akk.)*	nahe bei	
	clārus, -a, -um	klar; berühmt	*engl.* clear; *sp.* claro, -a
15	**-que**	und	

Lektion 5–6 — Vokabelverzeichnis

Rōmānus, -ī *m.* **Rōmāna, -ae** *f.* **Rōmānus, -a, -um**	der/ein Römer die/eine Römerin römisch	
cupere, cupiō	wünschen, wollen	
abesse, absum	abwesend sein, fehlen	
quaerere, quaerō	suchen, fragen	*engl.* question *die Frage;* *it.* chiedere
20 **discēdere, discēdō**	weggehen	
hōra, -ae *f.*	die/eine Stunde	*dt.* die Uhr; *engl.* hour; *fr.* heure; *sp.* hora; *it.* ora
īgnōtus, -a, -um	unbekannt	
statim *(Adv.)*	sofort	
fugere, fugiō	fliehen, flüchten	
25 **dūcere, dūcō**	ziehen, führen	
medicus, -ī *m.*	der/ein Arzt	*dt.* das Medikament; *fr.* médecin; *sp.* médico; *it.* medico
currere, currō	laufen	*dt.* der Kurs; *fr.* cours *die Unterrichtsstunde, der Unterricht, der Kurs*
dēbēre, dēbeō	müssen; schulden; verdanken	*fr.* devoirs *die Hausaufgaben*
posteā *(Adv.)*	nachher, später	
30 **venēnum, -ī** *n.*	das/ein Gift	
medicīna, -ae *f.*	die/eine Medizin, das/ein Heilmittel; die/eine Heilkunst	*sp./it.* medicina
Rōmam	nach Rom	

Lektion 6

cum *(mit Abl.)* **mēcum** **tēcum** **nōbīscum** **vōbīscum**	(zusammen) mit (zusammen) mit mir (zusammen) mit dir (zusammen) mit uns (zusammen) mit euch	
in *(mit Abl.)*	in, an, auf *(auf die Frage:* wo?*)*	
lūdere, lūdō	spielen	
parvus, -a, -um	klein, jung	
5 **locus, -ī** *m.* **loca, -ōrum** *n.*	der/ein Ort, der/ein Platz, die/eine Stelle, die/eine Gegend, das/ein Gelände	*dt.* das Lokal; *engl.* local *lokal, örtlich*
licet	es ist erlaubt, man darf	
dēsinere, dēsinō	aufhören	
dē *(mit Abl.)*	von, von ... her(ab), über	*fr.* de

ē/ex *(mit Abl.)*	aus, seit	
10 tertius, -a, -um	der, die, das dritte	
novus, -a, -um	neu	*engl.* new; *sp.* nuevo, -a; *it.* nuovo, -a
procul *(Adv.)*	fern; in die Ferne	
ā/ab *(mit Abl.)*	von	
15 statua, -ae *f.*	die/eine Statue, das/ein Standbild	*engl.* statue
tollere, tollō	(auf)heben, erheben; verherrlichen; beseitigen	
modus, -ī *m.*	das/ein Maß, die/eine Art, die/eine Weise	*dt.* die Mode
movēre, moveō	bewegen	*dt.* der Motor; *sp.* mover; *it.* muovere
ōrnāre, ōrnō	schmücken	*dt.* das Ornament
20 fluere, fluō	fließen, strömen	*engl.* flow chart *das Flussdiagramm*
minimē *(Adv.)*	keineswegs, überhaupt nicht	
mīrus, -a, -um	seltsam, verwunderlich	
sine *(mit Abl.)*	ohne	*fr.* sans; *sp.* sin; *it.* senza
tangere, tangō	berühren, anfassen	
25 cavēre, caveō *(mit Akk.)*	sich vorsehen, sich in Acht nehmen vor	
via, -ae *f.*	die/eine Straße, der/ein Weg	*sp.* vía; *it.* via
cadere, cadō	fallen	*dt.* der Kasus
prae *(mit Abl.)*	vor, wegen	*dt.* die Präposition
lacrima, -ae *f.*	die/eine Träne	
30 intellegere, intellegō	verstehen, begreifen, merken	*dt.* intelligent; *fr.* intelligent, -e
prō *(mit Abl.)*	vor, für, anstelle von	*dt.* Pro und Kontra; das Pronomen
domum	nach Hause	
paene *(Adv.)*	beinahe	

Lektion 7

quod	weil	
aegrōtus, -a, -um	krank	
īgnōscere, īgnōscō	verzeihen	
quamquam	obgleich, obwohl	
5 diū *(Adv.)*	lange	
īrātus, -a, -um	böse, zornig	

Lektion 7 — Vokabelverzeichnis

dum *(mit Ind. Präs.)*	während	
forum, -ī *n.*	das/ein Forum, der/ein Marktplatz	
aedificium, -ī *n.*	das/ein Gebäude	
10 **templum, -ī** *n.*	der/ein Tempel, das/ein Heiligtum	
caput, capitis *n.*	der/ein Kopf, das/ein Haupt; die/eine Hauptstadt	*dt.* der Kapitän; *engl.* captain; *fr.* capitale *die Hauptstadt*
imperium, -ī *n.*	das/ein Reich; die/eine Herrschaft; der/ein Befehl; (die) Befehlsgewalt	
cūria, -ae *f.*	die/eine Kurie (*Versammlungsgebäude des Senats*)	
senātor, senātōris *m.*	der/ein Senator	
15 **ante** *(mit Akk.)*	vor	*engl.* am = ante meridiem *vormittags bei Zeitangaben*
disputāre, disputō	diskutieren	
quoque *(nachgestellt)*	auch	
officium, -ī *n.*	die/eine Pflicht; die/eine Aufgabe	*dt.* offiziell; *fr.* office de tourisme *das Fremdenverkehrsamt, die Touristeninformation*; *sp.* oficio *der Beruf, das Amt*
lēx, lēgis *f.*	das/ein Gesetz	*dt.* legal; *sp.* ley; *it.* legge
20 **bellum, -ī** *n.*	der/ein Krieg	*dt.* der Rebell
pāx, pācis *f.*	der/ein Friede	*dt.* der Pazifismus; *sp.* paz; *it.* pace
sententia, -ae *f.*	die/eine Meinung, die/eine Ansicht	*engl.* sentence *der Satz*
dīcere, dīcō	sagen, sprechen	*dt.* diktieren; *fr./it.* dire
ōrātor, ōrātōris *m.*	der/ein Redner	
25 **valē!** **valēte!** **valēre, valeō**	Auf Wiedersehen! (sei gesund!) Auf Wiedersehen! (seid gesund!) kräftig sein, gesund sein; Einfluss haben	
quam	wie	
plēnus, -a, -um *(mit Gen.)*	voll (von)	
vōx, vōcis *f.*	die/eine Stimme	*dt.* der Vokal; *engl.* voice; *sp.* voz; *it.* voce
pater, patris *m.*	der/ein Vater	*dt.* der Patenonkel/die Patentante; *engl.* father; *fr.* père; *sp./it.* padre

Lektion 8

aedificāre, aedificō, aedificāvī	bauen, erbauen	
colere, colō, coluī	bebauen, pflegen; ehren, verehren	*dt.* kultivieren
deus, -ī *m.* dea, -ae *f.*	der/ein Gott die/eine Göttin	*sp.* dios
nihil	nichts	
5 mortuus, -a, -um	tot	*sp.* muerto, -a; *it.* morto, -a
diēs, diēī *m. u. f.*	der/ein Tag; der/ein Termin	*engl.* day; *sp.* día
mors, mortis *f.*	(der) Tod	*dt.* der Mord; *sp.* muerte; *it.* morte
timor, timōris *m.*	die/eine Angst, die/eine Furcht	
rēs, reī *f.*	die/eine Sache, das/ein Ding	*dt./engl.* real
10 pūblicus, -a, -um	öffentlich, staatlich	*dt.* das Publikum
rēs pūblica, reī pūblicae *f.*	der/ein Staat	*dt.* die Republik
perīculum, -ī *n.*	die/eine Gefahr	
servāre, servō, servāvī	retten, bewahren	
homō, hominis *m.*	der/ein Mensch, der/ein Mann	*fr.* homme; *sp.* hombre; *it.* uomo
15 nōnnūllī, -ae, -a	einige	
enim	denn, nämlich	
spēs, speī *f.*	die/eine Hoffnung, die/eine Erwartung	*sp.* esperanza; *it.* speranza
imperātor, imperātōris *m.*	der/ein Feldherr, der/ein Kaiser	
semper *(Adv.)*	immer	*sp.* siempre; *it.* sempre
20 beneficium, -ī *n.*	die/eine Wohltat, die/eine Gefälligkeit	
praebēre, praebeō, praebuī	hinhalten, (dar)reichen, geben	

Das Fragepronomen *quis*?

Nom.:	**quis?**	wer?
Gen.:	**cuius?**	wessen?
Dat.:	**cuī?**	wem?
Akk.:	**quem?**	wen?
Abl.:	**ā quō?**	von wem?

Lektion 8–9 — Vokabelverzeichnis

Verben der Lektionen 1–7: u- und v-Perfekt
Merke dir: Verben der ā-Konjugation haben in der Regel ein v-Perfekt.

abesse, absum, āfuī	abwesend sein, fehlen
adesse, adsum, adfuī (affuī)	da sein; helfen
aperīre, aperiō, aperuī	öffnen
appārēre, appāreō, appāruī	erscheinen, sich zeigen
audīre, audiō, audīvī	hören
cupere, cupiō, cupīvī	wünschen, wollen
dēbēre, dēbeō, dēbuī	müssen; schulden; verdanken
esse, sum, fuī	sein
īgnōscere, īgnōscō, īgnōvī	verzeihen
licet, licuit	es ist erlaubt, man darf
placēre, placeō, placuī	gefallen
posse, possum, potuī	können
quaerere, quaerō, quaesīvī	suchen, fragen
tacēre, taceō, tacuī	schweigen
tenēre, teneō, tenuī	(fest)halten
timēre, timeō, timuī	fürchten, Angst haben
valēre, valeō, valuī	kräftig sein, gesund sein; Einfluss haben

Lektion 9

nūbere, nūbō, nūpsī *(mit Dat.)*	(einen Mann) heiraten	
honestus, -a, -um	angesehen, anständig	
benīgnus, -a, -um	gütig, freundlich; wohltätig	
in mātrimōnium dare	zur Frau geben, verheiraten	
5 **auctōritās, auctōritātis** *f.*	(das) Ansehen, (der) Einfluss	*dt.* die Autorität
dīvitiae, -ārum *f.* *(Pluralwort)*	(der) Reichtum	
propinquus, -a, -um **propinquus, -ī** *m.* **propinqua, -ae** *f.*	benachbart, verwandt der/ein Verwandte(r) die/eine Verwandte	
prīnceps, prīncipis *m.*	(der) erste (Mann), der/ein Anführer, der/ein Kaiser	*dt.* der Prinz
quī, quae, quod **quōcum** **quācum** **quibuscum**	welcher, welche, welches; der, die, das mit welchem; mit dem mit welcher; mit der mit welchen; mit denen	
10 **iuvenis, iuvenis** *m.*	jung; der/ein junge(r) Mann	

Vokabelverzeichnis — Lektion 9

	inter *(mit Akk.)*	zwischen, unter	*dt./engl.* international, Internet; *fr.* entre
	is, ea, id	dieser, diese, dieses; er, sie, es	
	dēmōnstrāre, dēmōnstrō, dēmōnstrāvī	zeigen, beweisen	*dt.* demonstrieren; *fr.* montrer
	in mātrimōnium dūcere	(eine Frau) heiraten	
15	repente *(Adv.)*	plötzlich	*sp.* de repente
	aspicere, aspiciō, aspexī	erblicken, anschauen, betrachten	*dt.* der Aspekt
	nox, noctis *f.*	die/eine Nacht	*engl.* night; *sp.* noche; *it.* notte
	manēre, maneō, mānsī	bleiben	
	laetus, -a, -um	froh, fröhlich	
20	canere, canō, cecinī	singen, besingen, ertönen lassen	*dt.* die Kantate, der Kantor; *fr.* chanter; *sp.* cantar; *it.* cantare

Verben der Lektionen 1–8:

s-Perfekt

dīcere, dīcō, dīxī	sagen
discēdere, discēdō, discessī	weggehen
dūcere, dūcō, dūxī	ziehen, führen
fluere, fluō, flūxī	fließen, strömen
intellegere, intellegō, intellēxī	verstehen, begreifen, merken
lūdere, lūdō, lūsī	spielen
rīdēre, rīdeō, rīsī	lachen

Dehnungsperfekt

cavēre, caveō, cāvī	sich vorsehen, sich in Acht nehmen
fugere, fugiō, fūgī	fliehen, flüchten
iuvat, iūvit	es freut, es macht Spaß
movēre, moveō, mōvī	bewegen
venīre, veniō, vēnī	kommen
vidēre, videō, vīdī	sehen

Lektion 10 — Vokabelverzeichnis

Reduplikationsperfekt

cadere, cadō, cecidī	fallen
currere, currō, cucurrī	laufen
dare, dō, dedī	geben
reperīre, reperiō, repperī	finden, wiederfinden
stāre, stō, stetī	stehen
tangere, tangō, tetigī	berühren, anfassen

ohne Veränderung des Stammes

respondēre, respondeō, respondī	antworten

Unregelmäßige Perfektbildung

dēsinere, dēsinō, dēsiī, dēsitum	aufhören
īre, eō, iī	gehen; reisen
tollere, tollō, sustulī	(auf)heben, erheben; verherrlichen; beseitigen

Lektion 10

mōns, montis *m.*	der/ein Berg	*engl.* mountain; *fr.* montagne; *sp./it.* monte
magnificus, -a, -um	großartig, prächtig	*sp.* magnífico, -a
-ne?	(Fragepartikel, an ein Wort angehängt; wird nicht übersetzt)	
nōn sōlum ... sed etiam	nicht nur ... sondern auch	
5 **num?**	etwa wirklich? *(legt ablehnende Antwort nahe)*	
apud *(mit Akk.)*	bei	
trēs, tria, Gen.: **trium**	drei	*dt.* das Trio; *engl.* three; *fr.* trois; *sp.* tres; *it.* tre
ūnus, -a, -um, Gen.: **ūnīus** Dat.: **ūnī**	ein, eine, einer	*dt.* die Union, die Uniform; *engl.* unit *das Kapitel, die Lektion; fr.* un, une; *sp./it.* un, una
atque	und	
10 **creāre, creō, creāvī**	erschaffen, hervorbringen; wählen	*dt.* die Kreatur
ita *(Adv.)*	so	
cōnstat, cōnstitit	es steht fest, ist bekannt	*dt.* konstant
crēdere, crēdō, crēdidī	glauben	*dt.* der Kredit
maximē *(Adv.)*	am meisten, besonders	
15 **scīre, sciō, scīvī**	wissen, kennen, verstehen	*engl.* science *die Wissenschaft*

	post *(mit Akk.)*	nach, hinter	*engl.* pm = post meridiem *nachmittags bei Zeitangaben*
	uxor, uxōris *f.*	die/eine Ehefrau	
	dux, ducis *m. u. f.*	der/ein Führer, die/eine Führerin; der/ein Feldherr	*it.* duce
	putāre, putō, putāvī	glauben, meinen; halten für	
20	regere, regō, rēxī	lenken, leiten, regieren	*dt.* der Regent, *sp.* regente; *it.* reggente
	rogāre, rogō, rogāvī	fragen, bitten	
	dēnique *(Adv.)*	endlich, schließlich, überhaupt	
	morbus, -ī *m.*	die/eine Krankheit	
	dēpellere, dēpellō, dēpulī	wegstoßen, vertreiben	
25	facere, faciō, fēcī	tun, machen	*dt.* der Faktor; *fr.* faire; *it.* fare
	fāma, -ae *f.*	das/ein Gerede, das/ein Gerücht; die/eine Sage	*dt.* famos
	fāma est	es geht die Sage	
	scelus, sceleris *n.*	das/ein Verbrechen	
	sē *(Akk.)*	sich	*it.* si
	sēcum	mit sich, bei sich	
	inter sē	unter sich, untereinander	
	certāre, certō, certāvī	kämpfen, streiten, Wettkämpfe austragen	
30	necāre, necō, necāvī	töten	
	nōnne?	nicht? *(legt eine zustimmende Antwort nahe)*	
	īgnis, īgnis *m.*	das/ein Feuer	
	perpetuus, -a, -um	ununterbrochen, fortdauernd	
	ārdēre, ārdeō, ārsī	brennen	

Lektion 11

	suus, -a, -um	sein, ihr	*fr.* son, sa; *sp.* suyo, -a; *it.* suo, -a
	salūs, salūtis *f.*	(die) Gesundheit, (das) Wohlergehen; (die) Rettung; der/ein Gruß	*fr.* Salut! *Hallo!, Grüß dich!*; auch: *Tschüss!*; *sp.* salud; *it.* salute
	accipere, accipiō, accēpī, acceptum	annehmen, bekommen, empfangen	*dt.* akzeptieren
	bene *(Adv.)*	gut	*fr.* bien; *it.* bene
5	exercitus, exercitūs *m.*	das/ein Heer	*engl.* exercise *die Übung, die Aufgabe*; exercise book *das Schulheft, das Übungsheft*
	mīles, militis *m.*	der/ein Soldat	*dt.* das Militär, militärisch

Lektion 11 — Vokabelverzeichnis

propter *(mit Akk.)*	wegen	
vīta, -ae *f.*	das/ein Leben	*dt.* vital; *fr.* vie; *sp.* vida; *it.* vita
āmittere, āmittō, amīsī, amissum	wegschicken; verlieren	
10 **domus, domūs** *f.*	das/ein Haus	*dt.* der Dom
opprimere, opprimō, oppressī, oppressum	unterdrücken; überfallen, bedrängen	
fēmina, -ae *f.*	die/eine Frau	*fr.* femme
capere, capiō, cēpī, captum	fassen, fangen; nehmen	*dt.* kapieren
servitūs, servitūtis *f.*	die/eine Sklaverei	
15 **iussū** *(Adv.)*	auf Befehl	
postquam *(mit Ind. Perf.)*	nachdem	
redīre, redeō, rediī, reditum	zurückkehren, zurückkommen	
cultus, cultūs *m.*	die/eine Lebensweise; die/eine Verehrung; die/eine Pflege; die/eine Bebauung	*dt.* der Kult; die Kultur
crūdēlitās, crudelitātis *f.*	die/eine Grausamkeit	
20 **factum, -ī** *n.*	die/eine Tat, die/eine Handlung	
odium, -ī *n.*	(der) Hass	*sp./it.* odio
patria, -ae *f.*	das/ein Vaterland, die/eine Heimat	*dt.* der Patriot; *it.* patria
occupāre, occupō, occupāvī, occupātum	einnehmen, besetzen	
magistrātus, magistrātūs *m.*	das/ein Amt; der/ein Beamte	
25 **prōvincia, -ae** *f.*	der/ein Amtsbereich, die/eine Provinz	
oppidum, -ī *n.*	die/eine befestigte Siedlung; die/eine Stadt	
nūntiāre, nūntiō, nūntiāvī, nūntiātum	melden, verkünden	*dt.* die Annonce, annoncieren
tumultus, tumultūs *m.*	der/ein Aufruhr, (der) Lärm; der/ein Aufstand	*dt.* der Tumult
mōs, mōris *m.*	der/ein Brauch, die/eine Gewohnheit, die/eine Sitte	*dt.* die Moral
30 **neglegere, neglegō, neglēxī, neglēctum**	nicht beachten, vernachlässigen	
īra, -ae *f.*	der/ein Zorn	

satis *(Adv.)*	ausreichend, genug	
scrībere, scrībō, scrīpsī, scrīptum	schreiben	*fr.* l' écrivain *der Schriftsteller*; *sp.* escribir
māter, mātris *f.*	die/eine Mutter	*engl.* mother; *fr.* mère; *sp./it.* madre
mittere, mittō, mīsī, missum	schicken, senden; ent-, loslassen; werfen	*dt.* die Mission

Verben der Lektionen 1–10: Partizip Perfekt Passiv

u-Perfekt

aperīre, aperiō, aperuī, apertum	öffnen
colere, colō, coluī, cultum	bebauen, pflegen; ehren, verehren
praebēre, praebeō, praebuī, praebitum	hinhalten, (dar)reichen, geben
tenēre, teneō, tenuī, tentum	(fest)halten

v-Perfekt

audīre, audiō, audīvī, audītum	hören
cupere, cupiō, cupīvī, cupītum	wünschen, wollen
quaerere, quaerō, quaesīvī, quaesītum	suchen, fragen

s-Perfekt

ārdēre, ārdeō, ārsī, ārsum	brennen
aspicere, aspiciō, aspexī, aspectum	erblicken, anschauen, betrachten
dīcere, dīcō, dīxī, dictum	sagen
discēdere, discēdō, discessī, discessum	weggehen
dūcere, dūcō, dūxī, ductum	ziehen, führen
intellegere, intellegō, intellēxī, intellēctum	verstehen, begreifen, merken
lūdere, lūdō, lūsī, lūsum	spielen
manēre, maneō, mānsī, mānsum	bleiben
nūbere, nūbō, nūpsī, nūptum	(einen Mann) heiraten
regere, regō, rēxī, rēctum	lenken, leiten, regieren
rīdēre, rīdeō, rīsī, rīsum	lachen

Reduplikationsperfekt

canere, canō, cecinī, cantātum	singen, besingen, ertönen lassen
crēdere, crēdō, crēdidī, crēditum	glauben
currere, currō, cucurrī, cursum	laufen
dare, dō, dedī, datum	geben
reperīre, reperiō, repperī, repertum	finden, wiederfinden
stāre, stō, stetī, statum	stehen
tangere, tangō, tetigī, tāctum	berühren, anfassen

Dehnungsperfekt

cavēre, caveō, cāvī, cautum	sich vorsehen, sich in Acht nehmen
fugere, fugiō, fūgī, fugitum	fliehen, flüchten
movēre, moveō, mōvī, mōtum	bewegen
venīre, veniō, vēnī, ventum	kommen
vidēre, videō, vīdī, vīsum	sehen

Ohne Veränderung des Stammes

respondēre, respondeō, respondī, respōnsum	antworten

Unregelmäßige Perfektbildung

dēpellere, dēpellō, dēpulī, dēpulsum	wegstoßen, vertreiben
facere, faciō, fēcī, factum	tun, machen
tollere, tollō, sustulī, sublātum	(auf)heben, erheben; verherrlichen; beseitigen

Lektion 12

salvus, -a, -um	wohlbehalten, unversehrt	
agere, agō, ēgī, āctum	treiben; tun	*dt.* der Akt; *engl.* to act
labor, labōris *m.*	die/eine Anstrengung, die/eine Mühe, die/eine Arbeit	*dt.* das Laboratorium; *it.* lavoro
subīre, subeō, subiī, subītum	auf sich nehmen	
5 anteā *(Adv.)*	vorher	
mercātor, mercatōris *m.*	der/ein Kaufmann	*dt.* der Markt; *fr.* marché
tūtus, -a, -um	sicher, geschützt	
merx, mercis *f.*	die/eine Ware	
spoliāre, spoliō, spoliāvī, spoliātum *(mit Abl.)*	berauben, plündern	
10 iter, itineris *n.*	der/ein Weg, die/eine Reise	
monēre, moneō, monuī, monitum	mahnen, erinnern; warnen	
tamen	dennoch, trotzdem	
cōnstituere, cōnstituō, cōnstituī, cōnstitūtum	festsetzen, beschließen	*it.* costituire
aliquandō *(Adv.)*	einst, (irgend)einmal	
15 oculus, -ī *m.*	das/ein Auge	
prīmum *(Adv.)*	zuerst; zum ersten Mal	

rōbur, rōboris *n.*	die/eine Kraft, die/eine Stärke	*dt.* robust
beātus, -a, -um	glücklich	*it.* beato, -a
gēns, gentis *f.*	das/ein Volk, der/ein Stamm; die/eine Sippe, das/ein Geschlecht	*fr.* les gens; *sp./it.* gente
20 cōgnōscere, cōgnōscō, cōgnōvī, cōgnitum	kennen lernen; erkennen; untersuchen	
fīnis, fīnis *m.*	die/eine Grenze; das/ein Ende, das/ein Ziel	*dt.* das Finale; *fr.* fin; *it.* fine
fīnēs, fīnium *m.*	das/ein Gebiet	
vīcus, -ī *m.*	das/ein Dorf	
vendere, vendō, vendidī, venditum	verkaufen	*fr.* le/la vendeur/-euse der Verkäufer, die Verkäuferin
paucī, -ae, -a	(nur) wenige	
25 annus, -ī *m.*	das/ein Jahr	
hostis, hostis *m.*	der/ein Feind, der/ein Landesfeind	
gerere, gerō, gessī, gestum	tragen, ausführen	
bellum gerere	Krieg führen	
quōmodo? *(Adv.)*	wie?	
hodiē *(Adv.)*	heute	*fr.* aujourd'hui
30 aut	oder	
aut ... aut	entweder ... oder	
mūtāre, mūtō, mūtāvī, mūtātum	(ein)tauschen; ändern, wechseln	

Lektion 13 (fakultativ)

invītāre, invītō, invītāvī, invītātum	einladen	*engl.* (to) invite; *fr.* inviter
prīmō *(Adv.)*	zuerst, anfangs; zum ersten Mal	*dt.* prima
poēta, -ae *m.*	der/ein Dichter	*fr.* poète; *sp./it.* poeta
prūdēns, prūdēns, prūdēns, *Gen.:* prūdentis	klug, erfahren	
5 sapiēns, sapiēns, sapiēns, *Gen.:* sapientis	weise, einsichtsvoll	
incipere, incipiō, coepī, inceptum	anfangen, beginnen	
nōmen, nōminis *n.*	der/ein Name	*fr.* nom; *sp.* nombre; *it.* nome
Hispānia, -ae *f.*	Spanien	*sp.* España

Lektion 13 — Vokabelverzeichnis

urbs, urbis *f.*	die/eine Stadt, die/eine Hauptstadt (*oft gleichbedeutend mit Rom*)	
10 **īnstitūtum, -ī** *n.*	die/eine Einrichtung, die/eine Sitte, der/ein Brauch	*dt.* das Institut
nātūra, -ae *f.*	die/eine Natur, das/ein Wesen, die/eine Sinnesart	*fr.* nature; *it.* natura
celer, celeris, celere, *Gen.:* **celeris**	schnell	
ille, illa, illud	jener, jene, jenes	
neque / nec **neque ... neque / nec ... nec**	und nicht, auch nicht weder ... noch	
15 **toga, -ae** *f.*	die/eine Toga	
vestis, vestis *f.*	das/ein Kleid, das/ein Gewand	*sp.* vestido; *it.* veste
nōbilis, nōbilis, nōbile, *Gen.:* **nōbilis**	adlig, edel, vornehm, berühmt	
thermae, -ārum *f.* (*Pluralwort*)	(die) Thermen	
campus, -ī *m.*	das/ein Feld, die/eine Ebene	
20 **hic, haec, hoc**	dieser, diese, dieses	
dormīre, dormiō, dormīvī, dormītum	schlafen	*sp.* dormir; *it.* dormire
clāmor, clāmōris *m.*	das/ein Geschrei, (der) Lärm	
ingēns, ingēns, ingēns, *Gen.:* **ingentis**	gewaltig, ungeheuer (groß)	
similis, similis, simile, *Gen.:* **similis**	ähnlich	
25 **carmen, carminis** *n.*	das/ein Gedicht, das/ein Lied	
dēns, dentis *m.*	der/ein Zahn	*sp.* dentado; *it.* dente
ratiō, ratiōnis *f.*	die/eine Überlegung, der/ein Plan, die/eine Berechnung, (die) Vernunft	
emere, emō, ēmī, ēmptum	kaufen	

Römische Zeitrechnung – Vergleichende Zeittafel

Römische Zeitrechnung

Ein Tag im alten Rom dauerte von Sonnenaufgang bis Sonnenuntergang. Die Zeit dazwischen teilte man in zwölf Stunden. So begann bei Sonnenaufgang die erste Stunde, mittags begann die siebte und bei Sonnenuntergang endete die zwölfte. Dadurch wurden mit den Tagen die Stunden im Winter kürzer (bis 45 Minuten) und im Sommer länger (bis 75 Minuten).

Römische Sonnen-Taschenuhr (um 250 n. Chr.)

Vergleichende Zeittafel

Überblick über die römische Geschichte		Zuordnung zu den Lektionen
Königszeit 753 v. Chr.	Sagenhafte Gründung Roms durch Romulus und Remus	
Römische Republik um 500 v. Chr.	Vertreibung des Königs, Gründung der Republik	
von etwa 500 bis 287 v. Chr.	Ständekämpfe: Auseinandersetzung zwischen Patriziern und Plebejern	
von etwa 400 bis 133 v. Chr.	Rom erringt die Vorherrschaft im Mittelmeerraum (s. Karte auf Vorsatz)	
von 133 bis 31 v. Chr.	Innenpolitische Auseinandersetzungen und Bürgerkriege	um 65 v. Chr.: Lekt. 1–7
58–51 v. Chr.	Caesars Truppen erobern Gallien	
49–45 v. Chr.	Bürgerkrieg zwischen Anhängern von Caesar und Pompeius	
46–44 v. Chr.	Herrschaft Caesars	
44 v. Chr.	Ermordung Caesars an den Iden des März (15. 3. 44. v. Chr.)	
ab 44 v. Chr.	Bürgerkrieg zwischen Caesaranhängern unter Octavian und Caesargegnern	
31 v. Chr.	Entscheidungsschlacht bei Actium: Octavian wird Alleinherrscher	

Vergleichende Zeittafel

Überblick über die römische Geschichte		Zuordnung zu den Lektionen
Römische Kaiserzeit 27 v. – 14 n. Chr.	Prinzipat des Augustus (Octavian), Erweiterung des römischen Reiches (s. Karte auf Vorsatz)	27 v. Chr.: Lekt. 8 11 v. Chr.: Lekt. 9
1. Jh. n. Chr. 9 n. Chr.	Germanischer Aufstand: Niederlage des Varus gegen Arminius; Wirken und Tod von Jesus Christus, erste christliche Gemeinden; Limes sichert Grenze zu Germanien	8 n. Chr.: Lekt. 11 um 10 n. Chr.: Lekt. 10 um 20 n. Chr.: Lekt. 12 um 70 n. Chr.: Lekt. 13
70 n. Chr.	Zerstörung des Tempels in Jerusalem durch römische Truppen	
79 n. Chr.	Ausbruch des Vesuv	
2. Jh. n. Chr. 98–117 n. Chr.	Kaiser Trajan: größte Ausdehnung des röm. Reiches (s. Karte)	
3. Jh. n. Chr.	Gefährdung des römischen Reichs	
233/34 n. Chr.	Aufgabe des rätischen Limes nach Einfall der Alemannen	
um 250 n. Chr.	Erste allgemeine Christenverfolgung	
um 260 n. Chr.	Die Römer geben den obergermanischen Limes auf	
4. Jh. n. Chr. 311 n. Chr.	Toleranzedikt gestattet Christen Religionsausübung	
375 n. Chr.	Beginn der Völkerwanderung der germanischen Stämme	
380/81 n. Chr.	Kaiser Theodosius: Christentum Staatsreligion	
395 n. Chr.	Aufteilung des römischen Reichs in Ost- und Westrom	
476 n. Chr.	Ende des weströmischen Reichs	

Römische Zahlen und Namen

Römische Zahlen

		Grundzahlen	Ordnungszahlen
1	I	ūnus, -a, -um ein/eine/ein	prīmus, -a, -um der/die/das erste
2	II	duo, duae, duo	secundus od. alter
3	III	trēs, trēs, tria	tertius
4	IV	quattuor	quārtus
5	V	quīnque	quīntus
6	VI	sex	sextus
7	VII	septem	septimus
8	VIII	octō	octāvus
9	IX	novem	nōnus
10	X	decem	decimus
11	XI	undecim	undecimus
12	XII	duodecim	duodecimus
13	XIII	trēdecim	tertius decimus
14	XIV	quattuordecim	quārtus decimus
15	XV	quīndecim	quīntus decimus
16	XVI	sēdecim	sextus decimus
17	XVII	septendecim	septimus decimus
18	XVIII	duodēvīgintī	duodēvicēsimus
19	XIX	undēvīgintī	undēvicēsimus
20	XX	vīgintī	vīcēsimus
30	XXX	trīgintā	tricēsimus
40	XL	quadrāgintā	quadrāgēsimus
50	L	quīnquāgintā	quīnquāgēsimus
60	LX	sexāgintā	sexāgēsimus
70	LXX	septuāgintā	septuāgēsimus
80	LXXX	octōgintā	octōgēsimus
90	XC	nōnāgintā	nōnāgēsimus
100	C	centum	centēsimus

centum novem

Römische Zahlen und Namen

Römische Namen

Jeder männliche römische Bürger besaß seit der ausgehenden Republik einen

Vornamen (praenomen; meistens abgekürzt, z. B. **C.** Iūlius Caesar, **M.** Tullius Cicerō),

Familiennamen (nomen gentile; z. B. C. **Iūlius** Caesar),

Beinamen (cognomen; z. B. M. Tullius **Cicerō**).

Mädchen hatten nur den Familiennamen in der weiblichen Form:
Iūlia, Cornēlia, Claudia.

Bei Sklaven gab man sich keine große Mühe.
Sie wurden bei dem Namen gerufen, den ihnen ihr Herr
gegeben hatte. Häufige Namen waren **Fēlīx** (der Glückliche) oder
einfach **Spartacus, Syrus, Dēlia, Lȳdia** (Bezeichnung nach ihrem Herkunftsland).

Abkürzungen der gebräuchlichsten römischen Vornamen

A.	Aulus	L.	Lūcius	Ser.	Servius
C.	Gāius	M.	Mārcus	Sex.	Sextus
Cn.	Gnaeus	P.	Pūblius	T.	Titus
D.	Decimus	Q.	Quīntus	Ti.	Tiberius

Namen- und Sachregister

Albānus mōns, -ī montis *m.* Die Albaner Berge liegen in der Region Latium, 20 km südöstlich von Rom. Reiche Römer bauten sich hier ihre Villen. In der Sommerzeit, wenn es in Rom sehr heiß und stickig war, verbrachten sie die Tage in dem hügeligen Gebiet und konnten in den angenehm kühlen Bergseen baden. Auch heute noch sind die Albaner Berge ein beliebtes Ausflugsziel für Touristen. Lektion 4

Antōnius, -ī *m.* M. Antonius (ca. 83 – 30 v. Chr.) war Anhänger Caesars. 43 v. Chr., ein Jahr nach Caesars Ermordung, schloss er sich mit Lepidus und Octavian zu einem politischen Bündnis, dem Triumvirat (Drei-Männer-Bund), zusammen. Später war Antonius Ehemann der ägyptischen Königin Kleopatra und Gegner Octavians. 31 v. Chr. wurde er in der Seeschlacht bei Actium von der Flotte Octavians besiegt und floh mit Kleopatra nach Ägypten; dort beging er Selbstmord, als seine Lage aussichtslos geworden war. Lektion 8

Apollō, -inis *m.* Apollo (griechisch: *Apollon*) ist der Gott der Heilkunst, der Musik, der Weissagung und der Jugend. Er ist der Sohn des Jupiter und der Leto. Seine Zwillingsschwester ist Diana. Apollo wird jugendlich, in einem langen Gewand oder nackt dargestellt. Seine heilige Pflanze ist der Lorbeer. Oft trägt er eine Leier oder Pfeil und Bogen. Lektion 10

Aquilēia, -ae *f.* Aquileia war eine Stadt im Osten der Region Venetien. 181 v. Chr. wurde sie gegründet und entwickelte sich zu einer wichtigen Handelsstadt. Hier kreuzten sich die Straßen nach Nord- und Osteuropa. Lektion 12

Ardea, -ae *f.* Ardea ist eine kleine Stadt, ungefähr 36 km südlich von Rom. Sie liegt ganz in der Nähe der Küste und reicht bis an die Albaner Berge heran. Ardea wurde 442 v. Chr. von den Römern besiedelt. Lektion 1

Asia, -ae *f.* Asia war eine römische Provinz. Sie umfasste den westlichen Teil der heutigen Türkei (Kleinasien). Ursprünglich war Asia das Königreich Pergamon, das 133 v. Chr. von König Attalos III. an Rom vererbt wurde. Der Name leitet sich von dem Kontinent Asien ab. Test Lektion 11 – 13

ātrium, -ī *n.* Das Atrium liegt in der Mitte eines römischen Hauses. In diesem Raum warteten die Klienten am Morgen bei der *salūtātiō* auf ihren Patron. Der Begriff Atrium lässt sich von dem Adjektiv *āter schwarz* herleiten. Wahrscheinlich deshalb, weil die Wände in diesem Raum durch den Rauch einer offenen Feuerstätte schwarz gefärbt waren. Lektion 2

Attalus, -ī *m.* (171 – 133 v. Chr.). Attalus III. war König von Pergamon. 133 v. Chr. vererbte er sein Königreich den Römern, die es zur Provinz Asia machten. Test Lektion 10 – 13

Augustus, -ī *m.* Augustus (*der Erhabene*) war der Beiname des C. Octavius (63 v. Chr. – 14 n. Chr.), der ihm 27 v. Chr. vom Senat verliehen worden war. Augustus war der Großneffe und Adoptivsohn Caesars und erster römischer Kaiser 27 v. Chr. – 14 n. Chr. Lektion 8; Abb. links

Aulus, -ī *m.* Männlicher Vorname (Abkürzung: A.). In Lektion 5 – 7 ist Aulus ein Freund von Lucius und Valeria.

Bilbilis, -is *f.* war eine Stadt in der römischen Provinz Hispania Tarraconensis im heutigen Spanien. Bekannt ist sie vor allem als Heimatstadt des Dichters Martial. Lektion 13

Bithynia, -ae *f.* Bithynien. Landschaft im Nordwesten Kleinasiens an der Südküste des Schwarzen Meeres, seit 74 v. Chr. römische Provinz; heute Region im Nordwesten der Türkei.

Caesar, -aris *m.* C. Iulius Caesar (100 – 44 v. Chr.) war ein römischer Politiker, Feldherr und Schriftsteller. Er schloss sich im Triumvirat von 60 v. Chr. mit Pompeius und Crassus zusammen. 58 – 51 v. Chr. eroberte er Gallien und Teile Germaniens. 49 v. Chr. löste er durch die Überschreitung des Grenzflusses Rubicon und einen bewaffneten Einfall in Italien einen Bürgerkrieg aus. Durch seinen Sieg machte er sich zum Alleinherrscher in Rom. Ab 45 v. Chr. war er Diktator auf Lebenszeit. An den Iden des März 44 v. Chr. wurde er im Senat durch eine Gruppe von Verschwörern ermordet. *Caesar* war später der Beiname aller römischen Kaiser. Von Caesar leiten sich die Begriffe *Kaiser* und *Zar* ab. Lektion 8

Namen- und Sachregister

Caecilia, -ae *f.* Römischer Familienname in weiblicher Form. In Lektion 1 ist Caecilia ein Mädchen, das vor Kurzem aus Ardea nach Rom gezogen ist. Zusammen mit ihren Eltern Calpurnia und Sextus Caecilius Flavus sowie ihrem Bruder Lucius wohnt sie dort in einem Mietshaus (*īnsula*).

caldārium, -ī *n.* In einer Therme war das *caldārium* das Heißbad, das man zusätzlich zu dem *tepidārium* (lauwarmes Bad) und dem *frīgidārium* (Kaltbad) besuchte. Der Raum wurde durch eine Fußbodenheizung (*hypocaustum*) auf 40–50 °C erwärmt. Lektion 6

Calpurnia, -ae *f.* Römischer Familienname in weiblicher Form. In Lektion 1 ist Calpurnia die Mutter von Lucius und Caecilia.

Campus Martius, -ī Martiī *m.* Das Marsfeld war eine Ebene am Tiber, die jahrhundertelang für Volksversammlungen, als Turnplatz, aber auch für das Militär genutzt wurde. Der Campus war dem Kriegsgott Mars geweiht; in der Kaiserzeit wurde das Marsfeld mit Tempeln, Theatern, Badeanlagen und Monumenten bebaut. Lektion 13

Cerēs, Cereris *f.* Ceres ist die römische Getreide- und Fruchtbarkeitsgöttin. Jedes Jahr am 19. April wurde sie beim Fest der *Cerealia* verehrt und um eine gute Ernte gebeten. Die Römer setzten sie mit der griechischen Göttin Demeter gleich, als deren Kult in Rom übernommen wurde. Lektion 4; Abb. links

Cheruscī, -ōrum *m.* Die Cherusker waren ein germanischer Stamm, dessen Siedlungsgebiet Anfang des 1. Jhs. n. Chr. zwischen Weser und Elbe lag. Unter ihrem Anführer Arminius vernichteten sie und Germanen anderer Stämme im Jahre 9 n. Chr. drei römische Legionen in der Varusschlacht. Lektion 11, 12

Cleopatra, -ae *f.* Kleopatra VII. (69–30 v. Chr.) war Herrscherin von Ägypten. Als Familienmitglied der Ptolemäer, die nach Alexander dem Großen in Ägypten herrschten, war sie Griechin. Kleopatra war hochgebildet und soll mehrere Sprachen fließend gesprochen haben. Lektion 8; Abb. links

cōnsul, -ulis *m.* In der römischen Republik wurden je zwei Konsuln für ein Jahr gewählt. Diese beiden leiteten als höchste Beamte die Staatsgeschäfte und waren im Kriegsfall militärische Oberbefehlshaber. Lektion 7

Cornēlia, -ae *f.* Römischer Familienname in weiblicher Form. In Lektion 9 ist Cornelia eine Freundin von Vibia.

Cornēlius, -ī *m.* Männlicher Familienname. In Lektion 6 ist Cornelius ein römischer Senator und Patron.

cubiculum, -ī *n.* Das *cubiculum* ist ein Wohn- und Schlafraum in einem römischen Haus. In großen Häusern grenzt das kleine Zimmer (ca. 8–10 qm) an das Atrium. Lektion 1,4

Dēmētrius, -ī *m.* Griechischer Männername. In Lektion 3 ist Demetrius der Sklave und Hauslehrer bei der Familie des M. Valerius Florus.

Diāna, -ae *f.* Diana (griechisch: *Artemis*) ist die Tochter des Jupiter und der Leto. Ihr Zwillingsbruder ist Apollo. Sie ist die Göttin des (Mond-)lichtes, Herrin der Tiere, Schützerin der Jagd und der Mädchen und Frauen. Man bat sie um Hilfe für die Geburt und die Gesundheit der Säuglinge. Diana trägt oft Pfeil und Bogen und einen Köcher. Ihr Begleittier ist die Hirschkuh. Lektion 10

domus, -ūs *f.* Ein herrschaftliches Wohnhaus in der Stadt wurde bei den Römern *domus* genannt. In der Mitte befand sich das Atrium, von dem aus die umliegenden Räume zugänglich waren. Von der Straße aus gelangte man durch die Eingangshalle (*faucēs*) in das Haus. Ab dem 2. Jh. v. Chr. erweiterten die Römer die ursprüngliche *domus* noch um einen Innenhof mit einer Säulenhalle (*peristȳlium*). Lektion 2

Flāvus, -ī *m.* Lateinischer Beiname (*cognōmen*), der *blond* bzw. *gelb* bedeutet. In Lektion 11 ist Flavus der Bruder des Soldaten Rufus.

Namen- und Sachregister

frīgidārium, -ī *n*. In einer römischen Therme war das *frīgidārium* das Kaltbad. Nach dem Aufenthalt im heißen (*caldārium*) und lauwarmen Bad (*tepidārium*) konnten die Römer sich hier, wie wir noch heute in der Sauna, nach dem Schwitzen Abkühlung verschaffen. Lektion 6

Gaius, -ī *m*. Männlicher Vorname (Abkürzung: C.). In Lektion 1 ist Gaius der Großvater von Lucius und Caecilia.

Gallī, -ōrum *m*. Die Römer bezeichneten diejenigen keltischen Stämme als Gallier (*Gallī*), die Gebiete im heutigen Frankreich, Belgien, Oberitalien und äußersten Westen Deutschlands bewohnten. Lektion 13

Germānī, -ōrum *m*. Die Germanen; "Germanen" war eine Sammelbezeichnung der Griechen und Römer für Stämme, die im nördlichen Europa wohnten. Lektion 11, 12

Germānia, -ae *f*. *Germānia (Germanien)* ist die Bezeichnung für das Gebiet rechts des Rheins und nördlich des Limes, das von den verschiedenen Stämmen der Germanen bewohnt war. Seit Mitte des 1. Jh.s v. Chr. wurden auch die linksrheinischen Gebiete von den Römern als *Germānia* bezeichnet. Lektion 11, 12

Graecī, -ōrum *m*. Die Griechen. Lektion 3

Hispānia, -ae *f*. nannten die Römer die Pyrenäenhalbinsel, also das Gebiet des heutigen Portugal und Spanien. Im 2. Punischen Krieg (218–201 v. Chr.) vertrieben die Römer die Karthager aus Hispanien und richteten Provinzen auf der Iberischen Halbinsel ein. Lektion 13

Hierosolyma, -ōrum *n*. *Hierosolyma* ist die lateinische und griechische Bezeichnung für Jerusalem, eine Stadt in Palästina. Zu Beginn des 1. Jahrtausends v. Chr. eroberte der israelische König David die Stadt und machte sie zur Hauptstadt der Königreiche Juda und Israel. Bis zur Zerstörung durch den römischen Kaiser Titus im Jahre 70 n. Chr. war Jerusalem politisches und religiöses Zentrum des jüdischen Volkes. Lektion 10

imperātor, -ōris *m*. Ein *imperātor* war ein Feldherr oder auch Oberfeldherr, dem vom Senat die Amtsgewalt, das *imperium*, übertragen war. Ein siegreicher Feldherr erhielt die Bezeichnung *imperātor* als Ehrentitel. Später war es der Titel eines jeden Kaisers. Lektion 8

īnsula, -ae *f*. So nannten die Römer einen Wohnblock mit mehreren Stockwerken. Diese „inselartig" stehenden Häuser wurden in großen Städten gebaut und von der ärmeren Bevölkerung bewohnt. Im Erdgeschoss befanden sich Geschäfte (*tabernae*) und darüber die Wohnungen der Mieter. Die Römer lebten in diesen Häusern sehr beengt. Lektion 1

Iosephus, -ī *m*. Männlicher jüdischer Vorname, der aus dem Hebräischen stammt und soviel bedeutet wie *Gott möge (weitere Kinder) hinzufügen*. In Lektion 10 ist Josephus ein junger Mann, der aus Jerusalem nach Rom gekommen ist.

Isis, -idis *und* **-is** *f*. Isis ist in der ägyptischen Mythologie die Schwester und Gattin des Osiris. Der Name Isis bedeutet *Thron*. Deshalb wird sie mit einem Herrscherthron als Attribut auf dem Kopf dargestellt. Isis galt als Schutzgöttin, Himmelskönigin, Zauberin, aber auch Herrscherin über die Unterwelt. Lektion 10; Abb. links

Iūdaeī, -ōrum *m*. Die Bewohner Judäas, die Juden. Lektion 10

Iūnō, Iūnōnis *f*. Juno (griechisch: *Hera*) ist die Schwester und Frau des Jupiter und damit die höchste Göttin. Sie war wegen der zahlreichen Liebesabenteuer ihres Mannes sehr eifersüchtig. Juno wurde vor allem von verheirateten Frauen verehrt und um Hilfe bei Geburten gebeten. In Rom hatte Juno zusammen mit Jupiter und Minerva eine wichtige Rolle als Staatsgöttin. Man erkennt sie daran, dass sie ein Zepter, Kopfschmuck und eine Opferschale trägt. Ihr Begleittier ist der Pfau. Lektion 10

Iuppiter, Iovis *m*. Jupiter (griechisch: *Zeus*) ist der Sohn des Saturn und der Bruder und Mann der Juno. Er ist der höchste römische Gott. Seine Ehefrau war oft wütend auf ihn, weil er zahlreiche Liebschaften hatte. Man erkennt Zeus an seinem Blitzbündel. Häufig

Namen- und Sachregister

wird er auch mit seinem Begleittier, dem Adler, dargestellt. Lektion 10

Laelia, -ae *f.* Römischer Familienname in weiblicher Form. In Lektion 12 ist Laelia die Mutter des Händlers Publius Vorenus.

līmes, limitis *m.* Limes war ursprünglich der „Grenzweg" zwischen zwei Grundstücken, Äckern oder Weinbergen. In der Kaiserzeit waren die Limites militärisch gesicherte Grenzanlagen. In regelmäßigen Abständen befanden sich Wachtürme. Diese dienten als Schutz vor kleineren Angriffen, aber hauptsächlich als Kontroll- und Zollstationen. Am bekanntesten ist der obergermanisch-rätische Limes, der Ende des 1. Jh.s n. Chr. als Grenze zu den Germanen angelegt wurde und sich über 550 km erstreckt. Seit 2005 ist er Weltkulturerbe der UNESCO; Lektion 11, Heute und damals Lektion 11–13

Lūcius, -ī *m.* Männlicher Vorname (Abkürzung: L.). In Lektion 1 ist Lucius Caecilius Flavus ein Junge, der vor Kurzem aus Ardea nach Rom gezogen ist. Zusammen mit seinen Eltern Calpurnia und Sextus Caecilius Flavus sowie seiner Schwester Caecilia wohnt er dort in einem Mietshaus (*īnsula*).

Mārcus, -ī *m.* Männlicher Vorname (Abkürzung: M.). In Lektion 2 bis 7 ist Marcus Valerius Florus ein bekannter Senator in Rom. Er stammt aus Ardea und ist Schutzherr (*patrōnus*) der Familie des Sextus. Florus besitzt ein Landgut (*vīlla*) in den Albaner Bergen.

Mārcus Decimus Antōnius *m.* In Lektion 13 ist Marcus Decimus Antonius ein römischer Senator, der den Dichter Martial zu einer Feier eingeladen hat.

Mārs, Mārtis *m.* Mars (griechisch: *Ares*) ist der Gott des Krieges. Sein Vater ist Jupiter, seine Mutter ist Juno. Er verführte die Königstochter und Vestalin Rhea Silvia, die daraufhin die Zwillinge Romulus und Remus zur Welt brachte. Mars wird meist als Kriegsgott in Rüstung und Waffen dargestellt. Lektion 10

Mārtiālis, -is *m.* M. Valerius Martialis (40 – ca. 103 n.Chr.) war ein römischer Dichter aus Bilbilis, der vor allem durch seine witzigen Epigramme bekannt geworden ist. In seinen Werken zeigt er Stärken und Schwächen des römischen Alltagslebens. Ab 64 n. Chr. lebte Martial für einige Zeit in Rom und erlangte dort bei den Kaisern großes Ansehen. Ende des 1. Jh.s n. Chr. kehrte er aber in seine Geburtsstadt zurück, wo er ca. 103 n. Chr. starb. Lektion 13

Mercurius, -ī *m.* Merkur (griechisch: *Hermes*) ist der Götterbote, der Gott der Kaufleute und der Diebe. Sein Vater ist Jupiter. Man erkennt Merkur daran, dass er Flügelschuhe, den Heroldsstab und einen geflügelten Hut trägt. In seiner Hand hält er häufig einen Geldbeutel. Lektion 10

Minerva, -ae *f.* Minerva (griechisch: *Athene*) ist die Göttin des Krieges, der Weisheit und der Künste. Sie ist die Tochter des Jupiter. Bei ihrer Geburt soll sie ihm aus dem Kopf entsprungen sein. Man erkennt Minerva daran, dass sie als Bewaffnete mit Rüstung, Helm, Schild und Lanze dargestellt wird. Ihr Begleittier ist die Eule. Lektion 10

Neptūnus, -ī *m.* Neptun (griechisch: *Poseidon*) ist der Gott des Meeres. Sein Bruder ist Jupiter. Kennzeichnend für Neptun ist sein Dreizack, mit dem er die Wellen aufwühlen kann. Lektion 10

patrōnus, -ī *m.* Ein Patron ist Schutzherr über seine Freigelassenen und Klienten (Schutzbefohlenen), die sich gegenseitig zur Treue verpflichtet waren. Der Patron vertrat seine Freigelassenen und Klienten z. B. vor Gericht, unterstützte sie mit Lebensmitteln oder Geld. Die Klienten begrüßten ihren Patron jeden Morgen bei der *salūtātiō*, erledigten Botengänge oder andere Dienste für ihn und waren verpflichtet, ihn bei einer politischen Kandidatur zu wählen. Lektion 2

peristȳlium, -ī *n.* Das Peristyl ist eine Säulenhalle, die einen Hof oder Platz begrenzt. In bestimmten römischen Häusern umschloss sie oft als Erweiterung des Atriums den Garten. Lektion 2

prōvincia, -ae *f. Prōvinciae* waren zunächst die verschiedenen Geschäftsbereiche der Beamten (*magistrātūs*), wie zum Beispiel die Rechtsprechung und der Flottenbau. Seit dem 3. Jh. v. Chr. bezeichneten die Römer ein erobertes und unterworfenes Gebiet au-

Namen- und Sachregister

ßerhalb Italiens als *prōvincia*. Verwaltet wurde dies von einem *prōcōnsul* oder *prōpraetor*. Augustus teilte 27 v. Chr. die Provinzen in kaiserliche und senatorische ein. Die Anzahl der Provinzen und ihre Größen änderten sich durch fortwährende Neu-Aufteilungen und Gebietsgewinne. Lektion 11

Pūblius, -ī *m*. Männlicher Vorname (Abkürzung: P.). In Lektion 12 ist Publius Vorenus ein Händler, der nach Germanien reist.

Quīntus, -ī *m*. Männlicher Vorname (Abkürzung: Q.). Im Test-Text zu Lektion 1–4 ist Quintus ein Freund der Familie des Sextus Caecilius Flavus. In Lektion 9 ist Quintus Sempronius ein reicher römischer Adeliger, der mit Vibia verheiratet wird.

Rōma, -ae *f*. Rom liegt in der Region Latium und ist die Hauptstadt des römischen Reiches. Die früheste nachweisbare Besiedlung stammt aus dem 10. Jh. v. Chr. Der antiken Sage nach wurde Rom 753 v. Chr. gegründet. Bis ins 4. Jh. n. Chr. regierten hier die Kaiser. Im 1./2. Jh. n. Chr. hatte die Stadt etwa 1 000 000 Einwohner. Lektion 1

Rōmānī, -ōrum *m*. Die Römer. Lektion 5, 8, 10, 11, 12

Rūfus, -ī *m*. Lateinischer Beiname (*cognōmen*), der *rothaarig* bzw. *rotköpfig* bedeutet. In Lektion 11 ist Rufus ein germanischer Soldat im römischen Heer.

salūtātiō, -ōnis *f*. Bei der *salūtātiō* begrüßten die Klienten ihren Patron. Der Empfang fand in den ersten beiden Morgenstunden im *vestibulum* oder *ātrium* seines Hauses statt. Lektion 2

Sāturnus, -ī *m*. Saturn (griechisch: *Kronos*) ist der Gott der Fruchtbarkeit, vor allem des Ackerbaus. Jedes Jahr am 17. Dezember wurde er beim Fest der *Sāturnālia* verehrt. Kennzeichnend für Saturn ist eine Sichel oder Sense. Der englische Wochentag *Saturday* leitet sich von dem lateinischen Wochentag *diēs Sāturnī* her. Lektion 10

Schlacht im Teutoburger Wald. Im Gebiet des Teutoburger Waldes wurden 3 römische Legionen unter Publius Quinctilius Varus im Jahre 9 n. Chr. von germanischen Stämmen unter der Führung des Arminius vernichtend geschlagen. Etwa 15 000 römische Soldaten kamen ums Leben. Lektion 12

Sextus, -ī *m*. Männlicher Vorname. In Lektion 1–3 ist Sextus der Vater von Lucius und Caecilia.

Simon, -ōnis *m*. Männlicher jüdischer Vorname. In Lektion 10 und Test Lektion 8–10 ist Simon der jüngere Bruder von Josephus, der aus Jerusalem nach Rom gekommen ist.

statua, -ae *f*. Statuen, Standbilder von Göttern und Menschen gab es auf öffentlichen Plätzen, in Tempeln und öffentlichen Gebäuden und in Privathäusern, vor allem seit der Eroberung von Griechenland im 2. Jh. v. Chr. Die griechischen Statuen waren so beliebt, dass sie häufig kopiert wurden. Viele antike griechische Statuen, die heute verloren sind, sind uns in römischen Nachbildungen erhalten. Lektion 6

tablīnum, -ī *n*. Das Tablinum ist ein Raum, der direkt an das Atrium angrenzt und zu diesem hin geöffnet ist. Die durchgängige Verbindung vom Eingang des Hauses über das Atrium und das Tablinum hinaus ermöglichte eine eindrucksvolle Sicht auf den Garten oder das Peristyl des Hauses. Lektion 2

tepidārium, -ī *n*. In einer römischen Therme war das *tepidārium* das lauwarme Bad, das man zusätzlich zu dem *caldārium* (Heißbad) und dem *frīgidārium* (Kaltbad) besuchte. Die Temperatur betrug in diesem Raum etwa 20–25 °C. Lektion 6

Tiberius, -ī *m*. Tiberius ist der Sohn der Livia und der Stiefsohn des Augustus. Er war römischer Kaiser von 14–37 n. Chr. Vor allem nach der Niederlage des Varus feierte er große militärische Erfolge. Enttäuscht von der Politik des Senats in Rom zog er sich in den letzten Lebensjahren auf die Insel Capri zurück. Lektion 9; Abb. links

Titus, -ī *m*. Männlicher Vorname (Abkürzung: T.). In Lektion 8 ist Titus ein Kaufmann aus Bithynien.

toga, -ae *f*. Die Toga ist das Obergewand der Römer, das über der Tunika getragen wurde. Es bestand aus einer sehr langen, halb-

centum quindecim

Namen- und Sachregister

ovalen Tuchbahn, die so um den Körper geschlungen wurde, dass der linke Arm in einer Schlaufe lag und der rechte frei blieb. Die genaue Anordnung konnte sich ändern, je nachdem, was gerade Mode war. Zum Anlegen der Toga brauchte man fremde Hilfe und es war nicht besonders bequem, sie zu tragen. Normalerweise war die Toga einfach weiß. Für freigeborene Jungen, Ritter und hohe Beamte hatte sie zusätzlich einen Purpurstreifen (*toga praetexta*). Bewerber um ein Amt trugen eine blendend weiße Toga, die *toga candida*. Davon ist die Bezeichnung *Kandidat* abgeleitet. Lektion 3

tunica, -ae *f.* Die Tunika war ein Gewand, das von römischen Männern und Frauen direkt auf dem Körper getragen wurde. Das normalerweise weiße Woll- oder Leinenhemd wurde aus zwei Teilen zugeschnitten und zusammengenäht. Zunächst war es Mode, die Tunika eng und ohne Ärmel zu tragen. Später bevorzugte man ein weiteres Modell mit kurzen Ärmeln, das bei Männern bis zu den Knien, bei Frauen noch weiter hinab reichte. Wenn es kalt war, trug man mehrere *tunicae* übereinander. Lektion 9

Valeria, -ae *f.* Römischer Familienname in weiblicher Form. In Lektion 2 bis 7 ist Valeria die Tochter des Marcus Valerius Florus.

Vārus, -ī *m.* P. Quinctilius Varus (um 46 v. Chr. – 9 n. Chr.) war ein römischer Feldherr und Politiker. 13 v. Chr. trat er das Amt des Konsuls an, später war er Statthalter in Africa, Syrien und Germanien. In der Schlacht im Teutoburger Wald wurden mehrere von ihm befehligte römische Legionen vernichtet. Er beging noch während der Schlacht Selbstmord. Lektion 12

Venus, -eris *f.* Venus (griechisch: *Aphrodite*) ist die Göttin der Liebe und der Schönheit. Ihr Vater ist Jupiter. 295 v. Chr. stiftete man ihr einen Tempel am *Circus Maximus*. Der französische Wochentag *vendredi* und der italienische Wochentag *venerdì* leiten sich von dem lateinischen *diēs Veneris* her. Lektion 10

Vesta, -ae *f.* Vesta ist die römische Göttin des Herdfeuers. Ihr Bruder ist Jupiter. Ihr war ein kleiner Rundtempel am *Forum Rōmānum* geweiht. In ihm wurde kein Kultbild der Göttin verehrt, sondern das Herdfeuer, das zum Staatswohl immer brennen musste. Lektion 7, 10

vestālis, -is *f.* Eine Vestalin ist eine Priesterin der Vesta. Sechs Frauen blieben für 30 Jahre im Dienst der Göttin. Sie begannen ihre Priesterschaft als Mädchen im Alter zwischen 6 und 10 Jahren und hatten vor allem für das öffentliche Feuer im Vesta-Tempel zu sorgen. Die Vestalinnen lebten getrennt von ihren Familien im *Ātrium Vestae* in der Nähe des Tempels. Sie waren rechtlich dem *Pontifex Maximus*, dem obersten Priester, unterstellt und zur Jungfräulichkeit verpflichtet. Hielten sie sich nicht daran, wurden sie mit dem Tode bestraft. In der römischen Gesellschaft genossen die Vestalinnen hohes Ansehen. Lektion 10

vestibulum, -ī *n.* Das *vestibulum* ist ein Flur oder Vorraum, der vom Hauseingang aus in das Atrium führt. Lektion 2

Vibia, -ae *f.* Römischer Familienname in weiblicher Form. In Lektion 9 ist Vibia eine reiche römische Adelige, die mit Quintus Sempronius verheiratet wird.

vīlla, -ae *f.* Reiche Römer besaßen Landgüter, auf die sie sich im heißen Sommer aus der stickigen Stadt zurückziehen konnten. Im Unterschied zu heute bezeichnete das römische Wort *vīlla* den gesamten landwirtschaftlichen Betrieb. Das Wohnhaus konnte sehr groß und äußerst prächtig ausgestattet sein. Besonders begehrt war eine Lage am Golf von Neapel. Lektion 4

Vorēnus, -ī *m.* Familienname. In Lektion 12 ist Publius Vorenus ein junger Händler, der nach Germanien reist.

Alphabetisches Vokabelverzeichnis

ā/ab *(mit Abl.)*	von	Lektion 6
abesse, absum, āfuī	abwesend sein, fehlen	Lektion 5
accipere, accipiō, accēpī, acceptum	annehmen, bekommen, empfangen	Lektion 11
ad *(mit Akk.)*	zu, nach; bei	Lektion 5
adesse, adsum, affuī	da sein	Lektion 2
adesse, adsum, affuī *(mit Dativ)*	helfen	
aedificāre, aedificō, aedificāvī, aedificātum	bauen, erbauen	Lektion 8
aedificium, -ī *n.*	das/ein Gebäude	Lektion 7
aegrōtus, -a, -um	krank	Lektion 7
agere, agō, ēgī, āctum	treiben; tun	Lektion 12
aliī ... aliī	die einen ... die anderen	Lektion 4
aliquando *(Adv.)*	einst, (irgend)einmal	Lektion 12
alius, alia, aliud *Gen.:* alterīus; *Dat.:* alterī	ein anderer	Lektion 4
alius ... alius	der eine... der andere	Lektion 4
amāre, amō, amāvī, amātum	lieben	Lektion 1
amīcus, -ī *m.*	der/ein Freund	Lektion 4
amīca, -ae *f.*	die/eine Freundin	
āmittere, āmittō, āmīsī, āmissum	wegschicken; verlieren	Lektion 11
amplus, -a, -um	weit, groß, geräumig	Lektion 2
annus, -ī *m.*	das/ein Jahr	Lektion 12
ante *(mit Akk.)*	vor	Lektion 7
anteā *(Adv.)*	vorher	Lektion 12
aperīre, aperiō, aperuī, apertum	öffnen	Lektion 4
apertus, -a, -um	offen	Lektion 4
appārēre, appāreō, appāruī	erscheinen, sich zeigen	Lektion 2
apportāre, apportō, apportāvī, apportātum	(herbei)bringen	Lektion 4
appropinquāre, appropinquō, appropinquāvī, appropinquātum	sich nähern, näher kommen	Lektion 1
apud *(mit Akk.)*	bei	Lektion 10
aqua, -ae *f.*	(das) Wasser	Lektion 4
ārdēre, ārdeō, ārsī, ārsum	brennen	Lektion 10
aspicere, aspiciō, aspexī, aspectum	erblicken, anschauen, betrachten	Lektion 9
ātrium, -ī *n.*	Hauptraum des römischen Hauses, der/ein Saal, die/eine Halle	Lektion 2 (Abb.)
atque	und	Lektion 10
attentus, -a, -um	aufmerksam	Lektion 3
auctōritās, auctōritātis *f.*	(das) Ansehen, (der) Einfluss	Lektion 9
audīre, audiō, audīvī, audītum	hören	Lektion 3
aut	oder	Lektion 12
aut ... aut	entweder ... oder	

Alphabetisches Vokabelverzeichnis

autem *(nachgestellt)*	aber, jedoch	Lektion 1
auxilium, -ī *n.*	die/eine Hilfe, die/eine Unterstützung	Lektion 2
avē! **avēte!**	Sei gegrüßt! Seid gegrüßt!	Lektion 2
avus, -ī *m.*	der/ein Großvater	Lektion 1
balneae, -ārum *f.*	das/ein Bad	Lektion 6 (Abb.)
beātus, -a, -um	glücklich	Lektion 12
bellum, -ī *n.*	der/ein Krieg	Lektion 7
bene *(Adv.)*	gut	Lektion 11
beneficium, -ī *n.*	die/eine Wohltat, die/eine Gefälligkeit	Lektion 8
benīgnus, -a, -um	gütig, freundlich; wohltätig	Lektion 9
bonus, -a, -um	gut	Lektion 3
cadere, cadō, cecidī	fallen	Lektion 6
caldārium, -ī *n.*	das/ein Warmbad	Lektion 6 (Abb.)
campus, -ī *m.*	das/ein Feld, die/eine Ebene	Lektion 13
canere, canō, cecinī, cantātum	singen, besingen, ertönen lassen	Lektion 9
capere, capiō, cēpī, captum	fassen, fangen; nehmen	Lektion 11
captāre, captō, captāvī, captātum	greifen, fassen	Lektion 4
caput, capitis *n.*	der/ein Kopf, das/ein Haupt; die/eine Hauptstadt	Lektion 7
carmen, carminis *n.*	das/ein Gedicht, das/ein Lied	Lektion 13
carrus, -ī *m.*	der/ein Karren	Lektion 6 (Abb.)
catulus, -ī *m.*	der/ein junge(r) Hund	Lektion 4
cautus, -a, -um	vorsichtig	Lektion 4
cavēre, caveō, cāvī, cautum *(mit Akk.)*	sich vorsehen, sich in Acht nehmen vor	Lektion 6
celer, celeris, celere, *Gen.:* **celeris**	schnell	Lektion 13
certāre, certō, certāvī, certātum	kämpfen, streiten, Wettkämpfe austragen	Lektion 10
cibus, -ī *m.*	die/eine Speise, (das) Futter	Lektion 4
circus, -ī *m.*	der/ein Zirkus (*Veranstaltungsort*)	Lektion 5
clāmāre, clāmō, clāmāvī, clāmātum	schreien, laut rufen	Lektion 4
clāmor, clāmōris *m.*	das/ein Geschrei, (der) Lärm	Lektion 13
clārus, -a, -um	klar; berühmt	Lektion 5
cōgitāre, cōgitō, cōgitāvī, cōgitātum	(nach)denken, überlegen, beabsichtigen	Lektion 1
cōgnōscere, cōgnōscō, cōgnōvī, cōgnitum	kennen lernen; erkennen; untersuchen	Lektion 12
colere, colō, coluī, cultum	bebauen, pflegen; ehren, verehren	Lektion 8
cōnstat, cōnstitit	es steht fest, ist bekannt	Lektion 10
cōnstituere, cōnstituō, cōnstituī, cōnstitūtum	festsetzen, beschließen	Lektion 12

Alphabetisches Vokabelverzeichnis — C–D

creāre, creō, creāvī, creātum	erschaffen, hervorbringen; wählen	Lektion 10
crēdere, crēdō, crēdidī, crēditum	glauben	Lektion 10
crūdēlitās, crūdēlitātis f.	die/eine Grausamkeit	Lektion 11
cultus, cultūs m.	die/eine Lebensweise; die/eine Verehrung; die/eine Pflege; die/eine Bebauung	Lektion 11
cum (mit Abl.)	(zusammen) mit	Lektion 6
cūnctī, -ae, -a	alle	Lektion 2
cupere, cupiō, cupīvī, cupītum	wünschen, wollen	Lektion 5
cūr?	warum?	Lektion 2
cūria, -ae f.	die Kurie (Versammlungsgebäude des Senats)	Lektion 7
currere, currō, cucurrī, cursum	laufen	Lektion 5
dare, dō, dedī, datum	geben	Lektion 4
dē (mit Abl.)	von, von ... her(ab), über	Lektion 6
dea, -ae f.	die/eine Göttin	Lektion 8
dēbēre, dēbeō, dēbuī, dēbitum	müssen; schulden; verdanken	Lektion 5
dēlectāre, dēlectō, dēlectāvī, dēlectātum	Freude bereiten, Spaß machen	Lektion 5
dēmōnstrāre, dēmōnstrō, dēmōnstrāvī, dēmōnstrātum	zeigen, beweisen	Lektion 9
dēnique (Adv.)	endlich, schließlich, überhaupt	Lektion 10
dēns, dentis m.	der/ein Zahn	Lektion 13
dēpellere, dēpellō, dēpulī, dēpulsum	wegstoßen, vertreiben	Lektion 10
dēsīderāre, dēsīderō, dēsīderāvī, dēsīderātum	wünschen, begehren	Lektion 5
dēsinere, dēsinō, dēsiī, dēsitum	aufhören	Lektion 6
deus, -ī m.	der/ein Gott	Lektion 8
dīcere, dīcō, dīxī, dictum	sagen, sprechen	Lektion 7
diēs, diēī m. u. f.	der/ein Tag; der/ein Termin	Lektion 8
discēdere, discēdō, discessī, discessum	weggehen	Lektion 5
discipula, -ae f. discipulus, -ī m.	die/eine Schülerin der/ein Schüler	Lektion 3
disputāre, disputō, disputāvī, disputātum	diskutieren	Lektion 7
diū (Adv.)	lange	Lektion 7
dīvitiae, -ārum f. (Pluralwort)	(der) Reichtum	Lektion 9
domina, -ae f. dominus, -ī m.	die/eine Herrin, die/eine Hausherrin der/ein Herr, der/ein Hausherr	Lektion 2
domus, domūs f. domum (Adv.)	das/ein Haus nach Hause	Lektion 11
dōnum, -ī n.	das/ein Geschenk	Lektion 1

dormīre, dormiō, dormīvī, dormītum	schlafen	Lektion 13
dūcere, dūcō, dūxī, ductum in mātrimōnium dūcere	ziehen, führen (eine Frau) heiraten	Lektion 5 Lektion 9
dum *(mit Ind. Präs.)*	während	Lektion 7
dūrus, -a, -um	hart; streng	Lektion 4
dux, ducis *m. u. f.*	der/ein Führer, die/eine Führerin; der/ein Feldherr	Lektion 10
ē/ ex *(mit Abl.)*	aus, seit	Lektion 6
ecce!	sieh (mal)! schau (mal)! da!	Lektion 1
egō *(Akk. mē)*	ich *(Akk.* mich)	Lektion 3
emere, emō, ēmī, ēmptum	kaufen	Lektion 13
enim	denn, nämlich	Lektion 8
equus, -ī *m.*	das/ein Pferd	Lektion 5
esse, sum, fuī	sein	Lektion 1
et et ... et	und; auch sowohl ... als auch	Lektion 1
etiam	auch; sogar	Lektion 2
exercitus, exercitūs *m.*	das/ein Heer	Lektion 11
exspectāre, exspectō, exspectāvī, exspectātum	erwarten, (auf etw.) warten	Lektion 1
fābula, -ae *f.*	die/eine Geschichte, die/eine Erzählung, die/eine Sage	Lektion 3
facere, faciō, fēcī, factum	tun, machen	Lektion 10
factum, -ī *n.*	die/eine Tat, die/eine Handlung	Lektion 11
fāma, -ae *f.* fāma est	das/ein Gerede, das/ein Gerücht; die/eine Sage es geht die Sage	Lektion 10
fēmina, -ae *f.*	die/eine Frau	Lektion 11
fīlia, -ae *f.* fīlius, -ī *m.*	die/eine Tochter der/ein Sohn	Lektion 2
fīnis, fīnis *m.* fīnēs, fīnium *m.*	die/eine Grenze; das/ein Ende, das/ein Ziel; das/ein Gebiet	Lektion 12
fluere, fluō, flūxī, flūxum	fließen, strömen	Lektion 6
forum, -ī *n.*	das/ein Forum, der/ein Marktplatz	Lektion 7
frīgidārium, -ī *n.*	das/ein Kaltbad	Lektion 6 (Abb.)
frūmentum, -ī *n.*	das/ein Getreide	Lektion 4
fugere, fugiō, fūgī, fugitum	fliehen, flüchten	Lektion 5
gaudēre, gaudeō	sich freuen	Lektion 1
gaudium, -ī *n.*	die/eine Freude, das/ein Vergnügen	Lektion 2
gēns, gentis *f.*	das/ein Volk, der/ein Stamm; die/eine Sippe, das/ein Geschlecht	Lektion 12
gerere, gerō, gessī, gestum bellum gerere	tragen, ausführen Krieg führen	Lektion 12

Graeca, -ae *f.*	die/eine Griechin	Lektion 3
Graecus, -a, -um	griechisch	
Graecus, -ī *m.*	der/ein Grieche	
grātus, -a, -um	dankbar; willkommen; nett	Lektion 3
hīc *(Adv.)*	hier	Lektion 3
hic, haec, hoc	dieser, diese, dieses	Lektion 13
Hispānia, -ae *f.*	Spanien	Lektion 13
hodiē *(Adv.)*	heute	Lektion 12
homō, hominis *m.*	der/ein Mensch, der/ein Mann	Lektion 8
honestus, -a, -um	angesehen, anständig	Lektion 9
hōra, -ae *f.*	die/eine Stunde	Lektion 5
hortus, -ī *m.*	der/ein Garten	Lektion 2 (Abb.)
hostis, hostis *m.*	der/ein Feind, der/ein Landesfeind	Lektion 12
iam *(Adv.)*	schon; jetzt; bald	Lektion 2
ibī *(Adv.)*	dort	Lektion 4
īgnis, īgnis *m.*	das/ein Feuer	Lektion 10
īgnōscere, īgnōscō, īgnōvī, īgnōtum	verzeihen	Lektion 7
īgnōtus, -a, -um	unbekannt	Lektion 5
ille, illa, illud	jener, jene, jenes	Lektion 13
imperātor, imperātōris *m.*	der/ein Feldherr, der/ein Kaiser	Lektion 8
imperium, -ī *n.*	das/ein Reich; die/eine Herrschaft; der/ein Befehl; (die) Befehlsgewalt	Lektion 7
in *(mit Abl.)*	in, an, auf *(auf die Frage: wo?)*	Lektion 6
in *(mit Akk.)*	in, nach *(auf die Frage: wohin?)*	Lektion 5
in mātrimōnium dare	zur Frau geben, verheiraten	Lektion 9
in mātrimōnium dūcere	(eine Frau) heiraten	Lektion 9
incipere, incipiō, coepī, inceptum	anfangen, beginnen	Lektion 13
ingēns, ingēns, ingēns, *Gen.:* **ingentis**	gewaltig, ungeheuer(groß)	Lektion 13
īnstitūtum, -ī *n.*	die/eine Einrichtung, die/eine Sitte, der/ein Brauch	Lektion 13
intellegere, intellegō, intellēxī, intellēctum	verstehen, begreifen, merken	Lektion 6
inter *(mit Akk.)*	zwischen, unter	Lektion 9
inter sē	unter sich, untereinander	Lektion 10
intrāre, intrō, intrāvī, intrātum	betreten, hereinkommen	Lektion 1
invītāre, invītō, invītāvī, invītātum	einladen	Lektion 13
īra, -ae *f.*	der/ein Zorn	Lektion 11
īrātus, -a, -um	böse, zornig	Lektion 7
īre, eō, iī, itum	gehen; reisen	Lektion 5
is, ea, id	dieser, diese, dieses; er, sie, es	Lektion 9
ita *(Adv.)*	so	Lektion 10
itaque	deshalb, daher	Lektion 2
iter, itineris *n.*	der/ein Weg, die/eine Reise	Lektion 12

Alphabetisches Vokabelverzeichnis

iterum *(Adv.)*	wiederum, zum zweiten Mal, noch einmal	Lektion 1
iussū *(Adv.)*	auf Befehl	Lektion 11
iuvat, iūvit	es freut, es macht Spaß	Lektion 5
iuvenis, iuvenis *m.*	jung; der/ein junge(r) Mann	Lektion 9
labor, labōris *m.*	die/eine Anstrengung, die/eine Mühe, die/eine Arbeit	Lektion 12
labōrāre, labōrō, labōrāvī, labōrātum	sich anstrengen, arbeiten	Lektion 2
lacrima, -ae *f.*	die/eine Träne	Lektion 6
laetus, -a, -um	froh, fröhlich	Lektion 9
laudāre, laudō, laudāvī, laudātum	loben	Lektion 3
lēx, lēgis *f.*	das/ein Gesetz	Lektion 7
libenter *(Adv.)*	gern	Lektion 3
līberī, -ōrum *(Pluralwort) m.*	(die) Kinder	Lektion 4
licet, licuit	es ist erlaubt, man darf	Lektion 6
littera, -ae *f.* litterae, -ārum *(Pluralwort) f.*	der/ein Buchstabe der/ein Brief; (die) Literatur; die/eine Wissenschaft	Lektion 3
loca, -ōrum *n.* locus, -ī *m.*	die/eine Gegend, das/ein Gelände der/ein Ort, der/ein Platz, die/eine Stelle	Lektion 6
lūdere, lūdō, lūsī, lūsum	spielen	Lektion 6
lūdus, -ī *m.*	die/eine Schule; das/ein Spiel	Lektion 3
māchina trāctōria *f.*	der/ein Baukran	Lektion 6 (Abb.)
magister, magistrī *m.* magistra, -ae *f.*	der/ein Lehrer die/eine Lehrerin	Lektion 3
magistrātus, -ūs *m.*	das/ein Amt; der/ein Beamte/r	Lektion 11
magnificus, -a, -um	großartig, prächtig	Lektion 10
magnus, -a, -um	groß; bedeutend	Lektion 2
manēre, maneō, mānsī, mānsum	bleiben	Lektion 9
māter, mātris *f.*	die/eine Mutter	Lektion 11
maximē *(Adv.)*	am meisten, besonders	Lektion 10
mē *(Akk.)* mēcum	mich (zusammen) mit mir	Lektion 3 Lektion 6
medicīna, -ae *f.*	die/eine Medizin, das/ein Heilmittel; die/eine Heilkunst	Lektion 5
medicus, -ī *m.*	der/ein Arzt	Lektion 5
mercātor, mercātōris *m.*	der/ein Kaufmann	Lektion 12
merx, mercis *f.*	die/eine Ware	Lektion 12
meus, -a, -um	mein	Lektion 3
mīles, mīlitis *m.*	der/ein Soldat	Lektion 11
minimē *(Adv.)*	keineswegs, überhaupt nicht	Lektion 6
mīrus -a, -um	seltsam, verwunderlich	Lektion 6
miser, misera, miserum	unglücklich, elend	Lektion 3

Alphabetisches Vokabelverzeichnis — M–N

mittere, mittō, mīsī, missum	schicken, senden; ent-, loslassen; werfen	Lektion 11
modus, -ī *m.*	das/ein Maß, die/eine Art, die/eine Weise	Lektion 6
monēre, moneō, monuī, monitum	mahnen, erinnern, warnen	Lektion 12
mōns, montis *m.*	der/ein Berg	Lektion 10
morbus, -ī *m.*	die/eine Krankheit	Lektion 10
mors, mortis *f.*	(der) Tod	Lektion 8
mortuus, -a, -um	tot	Lektion 8
mōs, mōris *m.*	der/ein Brauch, die/eine Gewohnheit, die/eine Sitte	Lektion 11
movēre, moveō, mōvī, mōtum	bewegen	Lektion 6
multus, -a, -um multī, -ae, a	viel viele, zahlreiche	Lektion 2
mūtāre, mūtō, mūtāvī, mūtātum	(ein)tauschen; ändern, wechseln	Lektion 12
nam	denn	Lektion 3
nārrāre, nārrō, nārrāvī, nārrātum	erzählen	Lektion 3
nātūra, -ae *f.*	die/eine Natur, das/ein Wesen, die/eine Sinnesart	Lektion 13
-ne?	*(Fragepartikel, an ein Wort angehängt; wird nicht übersetzt)*	Lektion 10
necāre, necō, necāvī, necātum	töten	Lektion 10
neglegere, neglegō, neglēxī, neglēctum	nicht beachten, vernachlässigen	Lektion 11
negōtium, -ī *n.*	die/eine Tätigkeit, die/eine Aufgabe	Lektion 2
neque / nec neque … neque / nec … nec	und nicht, auch nicht weder … noch	Lektion 13
nihil	nichts	Lektion 8
nōbilis, nōbilis, nōbile, *Gen.:* nōbilis	adlig, edel, vornehm, berühmt	Lektion 13
nōbīscum	(zusammen) mit uns	Lektion 6
nōmen, nōminis *n.*	der Name	Lektion 13
nōn	nicht	Lektion 2
nōn iam	nicht mehr	Lektion 2
nōn sōlum … sed etiam	nicht nur … sondern auch	Lektion 10
nōnne?	nicht? *(legt eine zustimmende Antwort nahe)*	Lektion 10
nōnnūllī, -ae, -a	einige	Lektion 8
nōnnumquam *(Adv.)*	manchmal	Lektion 4
nōs *(Nom. u. Akk.)*	*Nom.:* wir (*Akk.:* uns)	Lektion 3
noster, nostra, nostrum	unser	Lektion 3
novus, -a, -um	neu	Lektion 6
nox, noctis *f.*	die/eine Nacht	Lektion 9
nūbere, nūbō, nūpsī, nūptum *(mit Dat.)*	(einen Mann) heiraten	Lektion 9

N–P Alphabetisches Vokabelverzeichnis

num?	etwa wirklich? *(legt ablehnende Antwort nahe)*	Lektion 10
nunc *(Adv.)*	nun, jetzt	Lektion 1
nuntiāre, nuntiō, nuntiāvī, nuntiātum	melden, verkünden	Lektion 11
obscūrus, -a, -um	dunkel	Lektion 4
occupāre, occupō, occupāvī, occupātum	einnehmen, besetzen	Lektion 11
oculus, -ī *m.*	das/ein Auge	Lektion 12
odium, -ī *n.*	(der) Hass	Lektion 11
officium, -ī *n.*	die/eine Pflicht; die/eine Aufgabe	Lektion 7
oppidum, -ī *n.*	die/eine befestigte Siedlung; die/eine Stadt	Lektion 11
opprimere, opprimō, oppressī, oppressum	unterdrücken; überfallen, bedrängen	Lektion 11
ōrātor, ōrātōris *m.*	der/ein Redner	Lektion 7
ōrnāre, ōrnō, ōrnāvī, ōrnātum	schmücken	Lektion 6
paene *(Adv.)*	beinahe	Lektion 6
parāre, parō, parāvī, parātum	(zu)bereiten	Lektion 4
parvus, -a, -um	klein, jung	Lektion 6
pater, patris *m.*	der/ein Vater	Lektion 7
patria, -ae *f.*	das/ein Vaterland, die/eine Heimat	Lektion 11
patrōnus, -ī *m.*	der/ein Patron; der/ein Anwalt; der/ein Beschützer	Lektion 2
paucī, -ae, -a	(nur) wenige	Lektion 12
pāx, pācis *f.*	der/ein Friede	Lektion 7
per *(mit Akk.)*	durch	Lektion 5
perīculum, -ī *n.*	die/eine Gefahr	Lektion 8
peristȳlium, -ī *n.*	offener Innenhof	Lektion 2 (Abb.)
perpetuus, -a, -um	ununterbrochen, fortdauernd	Lektion 10
placēre, placeō, placuī, placitum	gefallen	Lektion 4
plēnus, -a, -um *(mit Gen.)*	voll (von)	Lektion 7
poēta, -ae *m.*	der/ein Dichter	Lektion 13
porta, -ae *f.*	die/eine Tür, das/ein Tor	Lektion 4
portāre, portō, portāvī, portātum	tragen, bringen	Lektion 1
posse, possum, potuī	können	Lektion 4
post *(mit Akk.)*	nach, hinter	Lektion 10
posteā *(Adv.)*	nachher, später	Lektion 5
postquam *(mit Ind. Perf.)*	nachdem	Lektion 11
prae *(mit Abl.)*	vor, wegen	Lektion 6
praebēre, praebeō, praebuī, praebitum	hinhalten, (dar)reichen, geben	Lektion 8
prīmō *(Adv.)*	zuerst, anfangs; zum ersten Mal	Lektion 13
prīmum *(Adv.)*	zuerst; zum ersten Mal	Lektion 12

Alphabetisches Vokabelverzeichnis — P–R

prīnceps, prīncipis *m.*	der erste (Mann), der/ein Anführer, der/ein Kaiser	Lektion 9
prō *(mit Abl.)*	vor, für, anstelle von	Lektion 6
procul *(Adv.)*	fern; in die Ferne	Lektion 6
prope *(mit Akk.)*	nahe bei	Lektion 5
propinqua, -ae *f.* propinquus, -a, -um propinquus, -ī *m.*	die/eine Verwandte benachbart, verwandt der/ein Verwandte/r	Lektion 9
propter *(mit Akk.)*	wegen	Lektion 11
prōvincia, -ae *f.*	der/ein Amtsbereich, die/eine Provinz	Lektion 11
prūdēns, prūdēns, prūdēns, *Gen.:* **prūdentis**	klug, erfahren	Lektion 13
pūblicus, -a, -um	öffentlich, staatlich	Lektion 8
puella, -ae *f.*	das/ein Mädchen	Lektion 1
puer, puerī *m.* puerī, -ōrum *m.*	der/ein Junge (die) Kinder	Lektion 3
pulcher, pulchra, pulchrum	schön	Lektion 3
putāre, putō, putāvī, putātum	glauben, meinen; halten für	Lektion 10
quācum	mit welcher; mit der	Lektion 9
quaerere, quaerō, quaesīvī, quaesītum	suchen, fragen	Lektion 5
quam	wie	Lektion 7
quamquam	obgleich, obwohl	Lektion 7
-que	und	Lektion 5
quī, quae, quod quibuscum	welcher, welche, welches; der, die, das mit welchen; mit denen	Lektion 9
quid?	was?	Lektion 1
quis?	wer?	Lektion 2
quō? *(Adv.)*	wohin?	Lektion 5
quōcum	mit welchem; mit dem	Lektion 9
quod	weil	Lektion 7
quōmodo? *(Adv.)*	wie?	Lektion 12
quoque *(nachgestellt)*	auch	Lektion 7
ratiō, ratiōnis *f.*	die/eine Überlegung, der/ein Plan, die/eine Berechnung, (die) Vernunft	Lektion 13
redīre, redeō, rediī, reditum	zurückkehren, zurückkommen	Lektion 11
regere, regō, rēxī, rēctum	lenken, leiten, regieren	Lektion 10
repente *(Adv.)*	plötzlich	Lektion 9
reperīre, reperiō, repperī, repertum	finden, wiederfinden	Lektion 4
rēs, reī *f.* rēs pūblica, reī pūblicae *f.*	die/eine Sache, das/ein Ding der/ein Staat	Lektion 8

Alphabetisches Vokabelverzeichnis R–T

respondēre, respondeō, respondī, respōnsum	antworten	Lektion 2
rīdēre, rīdeō, rīsī, rīsum	lachen	Lektion 1
rōbur, rōboris *n.*	die/eine Kraft, die/eine Stärke	Lektion 12
rogāre, rogō, rogāvī, rogātum	fragen, bitten	Lektion 10
Rōma, -ae *f.* Rōmam Rōmāna, -ae *f.* Rōmānus, -ī *m.* Rōmānus, -a, -um	Rom nach Rom die/eine Römerin der/ein Römer römisch	Lektion 5
rūrsus *(Adv.)*	wieder, wiederum	Lektion 5
saepe *(Adv.)*	oft	Lektion 4
salūs, salūtis *f.*	(die) Gesundheit, (das) Wohlergehen; (die) Rettung; der/ein Gruß	Lektion 11
salūtāre, salūtō, salūtāvī, salūtātum	grüßen, begrüßen	Lektion 1
salvē! salvēte!	Hallo! Sei gegrüßt! Guten Tag! Hallo! Seid gegrüßt! Guten Tag!	Lektion 2
salvus, -a, -um	wohlbehalten, unversehrt	Lektion 12
sapiēns, sapiēns, sapiēns, *Gen.:* sapientis	weise, einsichtsvoll	Lektion 13
satis *(Adv.)*	ausreichend, genug	Lektion 11
scelus, sceleris *n.*	das/ein Verbrechen	Lektion 10
scīre, sciō, scīvī, scītum	wissen, kennen, verstehen	Lektion 10
scrībere, scrībō, scrīpsī, scrīptum	schreiben	Lektion 11
sē *(Akk.)* sēcum	sich mit sich, bei sich	Lektion 10
sed	aber; sondern	Lektion 2
semper *(Adv.)*	immer	Lektion 8
senātor, senātōris *m.*	der/ein Senator	Lektion 7
sententia, -ae *f.*	die/eine Meinung, die/eine Ansicht	Lektion 7
serva, -ae *f.*	die/eine Sklavin	Lektion 2
servāre, servō, servāvī, servātum	retten, bewahren	Lektion 8
servitūs, servitūtis *f.*	die/eine Sklaverei	Lektion 11
servus, -ī *m.*	der/ein Sklave	Lektion 2
similis, similis, simile, *Gen.:* similis	ähnlich	Lektion 13
sine *(mit Abl.)*	ohne	Lektion 6
spectāre, spectō, spectāvī, spectātum	betrachten, (an)sehen, (an)schauen	Lektion 2
spērāre, spērō, spērāvī, spērātum	hoffen (auf), erhoffen	Lektion 2
spēs, speī *f.*	die/eine Hoffnung, die/eine Erwartung	Lektion 8
spoliāre, spoliō, spoliāvī, spoliātum *(mit Abl.)*	berauben, plündern	Lektion 12
stāre, stō, stetī, statum	stehen	Lektion 1
statim *(Adv.)*	sofort	Lektion 5

statua, -ae f.	die/eine Statue, das/ein Standbild	Lektion 6
subīre, subeō, subiī, subitum	auf sich nehmen	Lektion 12
subitō (Adv.)	plötzlich	Lektion 1
suus, -a, -um	sein, ihr	Lektion 11
tablīnum, -ī n.	Raum im römischen Haus zwischen Atrium und Peristylium	Lektion 2 (Abb.)
tabula, -ae f.	die/eine Tafel; das/ein Bild	Lektion 3
tacēre, taceō, tacuī, tacitum	schweigen	Lektion 3
tamen	dennoch, trotzdem	Lektion 12
tandem (Adv.)	endlich, schließlich	Lektion 4
tangere, tangō, tetigī, tāctum	berühren, anfassen	Lektion 6
tē (Akk.)	dich	Lektion 3
tēcum	(zusammen) mit dir	Lektion 6
templum, -ī n.	der/ein Tempel, das/ein Heiligtum	Lektion 7
tenēre, teneō, tenuī, tentum	(fest)halten	Lektion 4
tepidārium, -ī n.	mäßig warmes Bad	Lektion 6 (Abb.)
tertius, -a, -um	der, die, das dritte	Lektion 6
thermae, -ārum f. (Pluralwort)	(die) Thermen	Lektion 13
timēre, timeō, timuī (mit Akk.)	fürchten, Angst haben vor	Lektion 4
timēre, timeō, timuī (mit Dat.)	fürchten für, in Angst sein um	
timor, timōris m.	die/eine Angst, die/eine Furcht	Lektion 8
toga, -ae f.	die/eine Toga	Lektion 13
tollere, tollō, sustulī, sublātum	(auf)heben, erheben; verherrlichen; beseitigen	Lektion 6
trēs, tria, Gen.: trium	drei	Lektion 10
tū (Dat. tibi)	du	Lektion 3
tum (Adv.)	da; dann, darauf; damals	Lektion 1
tumultus, tumultūs m.	der/ein Aufruhr, (der) Lärm; der/ein Aufstand	Lektion 11
turba, -ae f.	die/eine Menschenmenge, die/eine Masse, das/ein Gewimmel	Lektion 2
tūtus, -a, -um	sicher, geschützt	Lektion 12
tuus, -a, -um	dein	Lektion 3
ubī? (Adv.)	wo?	Lektion 4
ūnus, -a, -um, Gen.: ūnīus, Dat.: ūnī	ein, eine, einer	Lektion 10
urbs, urbis f.	die/eine Stadt, die/eine Hauptstadt (oft gleichbedeutend mit Rom)	Lektion 13
uxor, uxōris f.	die/eine Ehefrau	Lektion 10
valdē (Adv.)	sehr	Lektion 1
valē! valēte! valēre, valeō, valuī	Auf Wiedersehen! (sei gesund!) Auf Wiedersehen! (seid gesund!) kräftig sein, gesund sein; Einfluss haben	Lektion 7
vendere, vendō, vendidī, venditum	verkaufen	Lektion 12
venēnum, -ī n.	das/ein Gift	Lektion 5

Alphabetisches Vokabelverzeichnis

venīre, veniō, vēnī, ventum	kommen	Lektion 3
verbum, -ī *n.*	das/ein Wort	Lektion 3
vester, vestra, vestrum	euer	Lektion 3
vestis, vestis *f.*	das/ein Kleid, das/ein Gewand	Lektion 13
via, -ae *f.*	die/eine Straße, der/ein Weg	Lektion 6
vīcus, -ī *m.*	das/ein Dorf	Lektion 12
vidēre, videō, vīdī, vīsum	sehen	Lektion 1
vīlla, -ae *f.*	das/ein Landhaus, das/ein Landgut	Lektion 4
vīnum, -ī *n.*	der/ein Wein	Lektion 4
vir, virī *m.*	der/ein Mann	Lektion 4
vīta, -ae *f.*	das/ein Leben	Lektion 11
vōbīscum	mit euch	Lektion 6
vōs *(Nom. u. Akk.)*	*Nom:* ihr *(Akk:* euch*)*	Lektion 3
vōx, vōcis *f.*	die/eine Stimme	Lektion 7

Verzeichnis unregelmäßiger Verben

abesse, absum, āfuī	abwesend sein, fehlen	Lektion 5
accipere, accipiō, accēpī, acceptum	annehmen, bekommen, empfangen	Lektion 11
adesse, adsum, adfuī (affuī)	da sein; helfen	Lektion 2
agere, agō, ēgī, āctum	treiben; tun	Lektion 12
āmittere, āmittō, āmīsī, āmissum	wegschicken; verlieren	Lektion 11
aperīre, aperiō, aperuī, apertum	öffnen	Lektion 4
appārēre, appāreō, appāruī	erscheinen, sich zeigen	Lektion 4
ārdēre, ārdeō, ārsī, ārsum	brennen	Lektion 10
aspicere, aspiciō, aspexī, aspectum	erblicken, anschauen, betrachten	Lektion 9
audīre, audiō, audīvī, audītum	hören	Lektion 3
cadere, cadō, cecidī	fallen	Lektion 6
canere, canō, cecinī, cantātum	singen, besingen, ertönen lassen	Lektion 9
capere, capiō, cēpī, captum	fassen, fangen; nehmen	Lektion 11
cavēre, caveō, cāvī, cautum (*mit Akk.*)	sich vorsehen, sich in Acht nehmen vor	Lektion 6
cōgnōscere, cōgnōscō, cōgnōvī, cōgnitum	kennen lernen; erkennen; untersuchen	Lektion 12
colere, colō, coluī, cultum	bebauen, pflegen; ehren, verehren	Lektion 8
cōnstat, cōnstitit	es steht fest, ist bekannt	Lektion 10
cōnstituere, cōnstituō, cōnstituī, cōnstitūtum	festsetzen, beschließen	Lektion 12
crēdere, crēdō, crēdidī, crēditum	glauben	Lektion 10
cupere, cupiō, cupīvī, cupītum	wünschen, wollen	Lektion 5
currere, currō, cucurrī, cursum	laufen	Lektion 5
dare, dō, dedī, datum	geben	Lektion 4
dēbēre, dēbeō, dēbuī, dēbitum	müssen; schulden; verdanken	Lektion 5
dēpellere, dēpellō, dēpulī, dēpulsum	wegstoßen, vertreiben	Lektion 10
dēsinere, dēsinō, dēsiī, dēsitum	aufhören	Lektion 6
dīcere, dīcō, dīxī, dictum	sagen, sprechen	Lektion 7
discēdere, discēdō, discessī, discessum	weggehen	Lektion 5
dormīre, dormiō, dormīvī, dormītum	schlafen	Lektion 13
dūcere, dūcō, dūxī, ductum	ziehen, führen	Lektion 5
emere, emō, ēmī, ēmptum	kaufen	Lektion 13
esse, sum, fuī	sein	Lektion 1
facere, faciō, fēcī, factum	tun, machen	Lektion 10
fluere, fluō, flūxī, flūxum	fließen, strömen	Lektion 6
fugere, fugiō, fūgī, fugitum	fliehen, flüchten	Lektion 5
gaudēre, gaudeō	sich freuen	Lektion 1
gerere, gerō, gessī, gestum	tragen, ausführen	Lektion 12
īgnōscere, īgnōscō, īgnōvī, īgnōtum	verzeihen	Lektion 7

Verzeichnis unregelmäßiger Verben

incipere, incipiō, coepī, inceptum	anfangen, beginnen	Lektion 13
intellegere, intellegō, intellēxī, intellēctum	verstehen, begreifen, merken	Lektion 6
īre, eō, iī, itum	gehen; reisen	Lektion 5
iuvat, iūvit	es freut, es macht Spaß	Lektion 5
licet, licuit	es ist erlaubt, man darf	Lektion 6
lūdere, lūdō, lūsī, lūsum	spielen	Lektion 6
manēre, maneō, mānsī, mānsum	bleiben	Lektion 9
mittere, mittō, mīsī, missum	schicken, senden; ent-, loslassen; werfen	Lektion 11
monēre, moneō, monuī, monitum	mahnen, erinnern; warnen	Lektion 12
movēre, moveō, mōvī, mōtum	bewegen	Lektion 6
neglegere, neglegō, neglēxī, neglēctum	nicht beachten, vernachlässigen	Lektion 11
nūbere, nūbō, nūpsī, nūptum *(mit Dat.)*	(einen Mann) heiraten	Lektion 9
opprimere, opprimō, oppressī, oppressum	unterdrücken; überfallen, bedrängen	Lektion 11
placēre, placeō, placuī, placitum	gefallen	Lektion 4
posse, possum, potuī	können	Lektion 4
praebēre, praebeō, praebuī, praebitum	hinhalten, (dar)reichen, geben	Lektion 8
quaerere, quaerō, quaesīvī, quaesītum	suchen, fragen	Lektion 5
redīre, redeō, rediī, reditum	zurückkehren, zurückkommen	Lektion 11
regere, regō, rēxī, rēctum	lenken, leiten, regieren	Lektion 10
reperīre, reperiō, repperī, repertum	finden, wiederfinden	Lektion 4
respondēre, respondeō, respondī, respōnsum	antworten	Lektion 2
rīdēre, rīdeō, rīsī, rīsum	lachen	Lektion 1
scīre, sciō, scīvī, scītum	wissen, kennen, verstehen	Lektion 10
scrībere, scrībō, scrīpsī, scrīptum	schreiben	Lektion 11
stāre, stō, stetī, statum	stehen	Lektion 1
subīre, subeō, subiī, subitum	auf sich nehmen	Lektion 12
tacēre, taceō, tacuī, tacitum	schweigen	Lektion 3
tangere, tangō, tetigī, tāctum	berühren, anfassen	Lektion 6
tenēre, teneō, tenuī, tentum	(fest)halten	Lektion 4
timēre, timeō, timuī *(mit Akk.)* timēre, timeō, timuī *(mit Dat.)*	fürchten, Angst haben vor fürchten für, in Angst sein um	Lektion 4
tollere, tollō, sustulī, sublātum	(auf)heben, erheben, beseitigen	Lektion 6
valēre, valeō, valuī	kräftig sein, gesund sein; Einfluss haben	Lektion 7
vendere, vendō, vendidī, venditum	verkaufen	Lektion 12
venīre, veniō, vēnī, ventum	kommen	Lektion 3
vidēre, videō, vīdī, vīsum	sehen	Lektion 1

Lösungen zu den Tests

Test Lektion 1–4

Textvorerschließung
a Überschrift: *Das Wundertier*. Die Geschichte handelt von einem Tier, das besondere Eigenschaften hat. Einleitungstext: Lucius' Papagei kann (noch) nicht *bella puella* sagen; vielleicht gelingt das in der Geschichte. Dass Lucius sich bemüht, den Vogel zum Sprechen zu bringen, belegt das Bild.
b Personen: Lucius, Quintus, Valeria.
c Auf jeden Fall drinnen (siehe Bild), ein Ort wird nicht genannt. Vielleicht bei Lucius zu Hause?
d (Auswahl) *Psittacus*, *clamare*, *amicus*, *bella puella*, *bestia*. Lucius wird wohl den Papagei dazu bringen, *bella puella* zu sagen – diese Wendung kommt zwei Mal vor.

Antike Kultur
Lucius hat von seinem Großvater zu seinem Geburtstag einen Papagei geschenkt bekommen. Lucius mag Valeria sehr und versucht oft, ihr das zu zeigen. Auch Valeria mag Lucius.

Übersetzungstraining
Gliederung – Mögliches Gliederungsprinzip: nach Personen. Zuerst ist Lucius mit dem Papagei allein, dann kommt Freund Quintus, dann Valeria.
Handlung: Der Papagei begrüßt Quintus als *bestia: be* .. hat das Tier bislang schon gesagt, Quintus gebrauchte das Wort *bestia*. Deshalb sagt der Papagei *bestia*.
Als Quintus kommt, hofft Lucius noch, dass der Papagei etwas Nettes sagt. Nachdem der Papagei das Wort *bestia* gesagt hat, befürchtet Lucius, dass auch Valeria so begrüßt wird.

Übersetzung
Lucius: „Pass auf, Papagei! Rufe: schönes Mädchen!" Der Papagei ruft: „Be...be!"
Siehe da, Quintus, Lucius' Freund, kommt näher! Er schaut den Papagei genau an: „Wer bist denn du, wildes Tier?" Lucius sagt: „Es ist ein Papagei. Warum, Papagei, begrüßt du meinen Freund nicht?" Der Papagei ruft: „W.. W... Wildes Tier!" Da sagt Quintus: „Das Geschenk deines Großvaters gefällt mir nicht. Den Papagei sehe ich gern an, höre ihm aber nicht gern zu. Tschüss!" Siehe da, Valeria kommt! Lucius fürchtet die Worte des Papageis. Plötzlich ruft der Papagei:
„Schö... schö... schönes Mädchen!"
Jetzt freuen sich Valeria und auch Lucius.

Test Lektion 5–7

Textvorerschließung
a Überschrift: *Verschwunden*. Etwas oder jemand ist verschwunden. Einleitungstext: Valeria hat bei ihrem Sturz etwas Wertvolles verloren – das ist wohl verschwunden. Dazu passt das Bild, das Aulus, Lucius und Valeria zeigt. Valerias Haltung zeigt an, dass sie ratlos ist; Lucius' Geste ist aufmunternd.
b *Valeria, Lucius, Aulus*
c In Rom im Haus der Valeria, auf dem Bauplatz
d Überwiegend ein Dialog (Gespräch) zwischen Valeria, Lucius und Aulus. Dafür sprechen die direkte Rede und die jeweiligen Namen direkt davor.
e (Auswahl) *catella*, *area*, *reperire*, *venire*, *pueri*, *puella*. Die häufige Wiederholung von *catella* legt nahe, dass eine Kette verloren wurde. Valeria bekommt sie wieder – dafür spricht das Wort *reperire*.

Lösungen zu den Tests

Antike Kultur
Auf dem Bauplatz ist Valeria gestürzt und musste von den Jungen nach Hause getragen werden.

Übersetzungstraining
a *magna voce/ catella mea/ in area/ catellam tuam/ ad aream balnearum/ in area/ prope statuam/ ad Valeriam*
b Ich weiß, welche Wörter ich zusammen zu übersetzen habe.

Übersetzung
Valeria ruft mit lauter Stimme: „Wo ist meine Kette? Ich kann meine Kette nicht finden!" Sofort denkt Lucius: „Vielleicht ist die Kette auf dem Bauplatz." Er wünscht sich, Valeria zu helfen: „Ich will deine Kette suchen. Aulus, komm mit mir!" Das Mädchen sagt: „Auch ich will mit euch kommen, obwohl ich mich nicht vom Fleck bewegen kann." Lucius: „Warte hier auf uns, während wir auf die Baustelle der Badeanstalt gehen!" Die Jungen gehen fort. Auf der Baustelle suchen Lucius und Aulus die Kette nahe einer Statue – und sie finden sie! Sofort laufen sie zu Valeria. Das Mädchen freut sich sehr, weil die Jungen die Kette herbeibringen.

Test Lektion 8–10

Textvorerschließung
a Überschrift: *Namensfrage*. Es geht in diesem Text wohl um einen Namen. Simon scheint die Hauptperson zu sein. Auf dem Bild sind ein junger Mann (Simon?), eine junge Frau und ein Tempel abgebildet.
b *Simon, puella Romana.* Der Text spielt in Rom.
c Der Text ist ein Dialog: Dafür sprechen die direkten Reden.
d (Auswahl) *templum, puella Romana, pulchra, nomen, deus*
e Es geht vielleicht um den Namen der Frau oder des Tempels.

Antike Kultur
Simon ist Jude, an Religion sehr interessiert.

Übersetzungstraining
a) *Ad templum / puellam pulchram / id templum / puella Romana / ante nonnullos dies / multa pulchra / nomen templi / nomen templi / in eo / unum deum / cunctos deos / Simon et puella*
b) *... id templum, quod videmus, .../ nomen templi....., quod in eo ... cunctos deos colimus* – erkennbar an *quod*. Ausnahme: *Et tu, quod tibi nomen est* – *quod* leitet hier einen Fragesatz ein.
c) *Simon ad templum puellam pulchram stare vidit.*
   Subjektsakkusativ: *puellam pulchram*
   Prädikatsinfinitiv: *stare*
   Num id Caesaris templum esse tibi ignotum est?
   Subjektsakkusativ: *id*
   Prädikatsinfinitiv: *esse*

Übersetzung
Simon sah, dass bei einem Tempel ein schönes Mädchen stand. Diesem näherte sich Simon und fragte sie: „Hallo! Für wen haben die Römer diesen Tempel, den wir sehen, gebaut?" Das römische Mädchen lachte: „Ist dir etwa wirklich unbekannt, dass es der

Tempel Caesars ist?" Simon antwortete: „Ja. Ich bin nämlich erst vor einigen Tagen nach Rom gekommen. Ich habe schon viel Schönes gesehen. Nun möchte ich aber den Namen des Tempels wissen. Er gefällt mir nämlich." Aber Simon dachte bei sich: „Du gefällst mir auch." Das Mädchen: „Der Name des Tempels ist Pantheon, weil wir in ihm nicht nur einen Gott, sondern auch alle Götter verehren." Dann schwiegen Simon und das Mädchen lange und betrachteten den Tempel. Simon sagte endlich: „Und du, welchen Namen hast du?"

Test Lektion 11–13

Textvorerschließung
a Überschrift: *Die Römer erben ein Königreich*. Augenscheinlich erben die Römer ein Königreich, und zwar das Reich des Königs Attalos von Pergamon. Dass man ein Königreich vererben kann, ist merkwürdig. Wird im Text vielleicht erklärt, wie es dazu kam? Normalerweise fällt ein Erbe an Ehepartner, Kinder, Verwandte. Warum nicht bei Attalos? Warum erbten gerade die Römer? Das Bild zeigt mir, wie Attalos ausgesehen hat, doch – hilft mir das beim Übersetzen?
b *Attalus, Romani, populus Romanus*
c Sieht man von der einen Frage in direkter Rede ab, liegt hier eine Erzählung vor. Indizien dafür: 3. Person, Imperfekt/Perfekt.
d (Auswahl) *regere, hostes, populus*

Antike Kultur
Attalus III., letzter König von Pergamon, vermachte 133 v. Chr. sein Königreich testamentarisch den Römern.

Übersetzungstraining
a *ille Attalus / post mortem meam / fines meos / aliae Asiae partes / ab hostibus / ingentes hostium exercitus / populum Romanum / bonum patronum et amicum / illi populo / fines suos / novam provinciam / sine bello*
b *qui regere poterant:* Nebensatz; Begründung: *qui* – Relativpronomen; *quod iam aliae …:* Nebensatz; Begründung: *quod* (Kausalsatz). Im deutschen Hauptsatz steht das Prädikat an zweiter Stelle, im Nebensatz an letzter Stelle.
c *timebat/sciebat/donavit*. Es ist jeweils Attalus zu ergänzen; dieser war die zuletzt genannte 3. Pers. Singular.

Übersetzung
Attalus hatte keine Kinder, die herrschen konnten. Lange dachte jener berühmte Attalus bei sich: „Wer kann nach meinem Tod mein Land regieren?" Weil bereits die anderen Teile Asiens von den Feinden besetzt worden waren, fürchtete er die ungeheuer großen Heere der Feinde.
Dass das römische Volk aber immer ein guter Schutzherr und Freund gewesen war, wusste er; deshalb schenkte er jenem Volk sein Land.
Die Römer aber freuten sich, dass sie eine neue Provinz ohne Krieg erhalten hatten.

Tipps zum Weiterlesen, Spielen, Anschauen

Lektion 1–4
studeo – Wege zum Latein-Lernen. Hrsg. H. Krefeld. Berlin 2008, S. 8–17 (Wohnen), S. 22–23 (Mahlzeiten), S. 27–28 (Feste), S. 50–65 (Rom: Neugestaltung durch Caesar und Augustus, Die Stadt der Kaiser), 65–71 (Aufbau der Gesellschaft: Nobilität, Ritter, Plebejer, Sklaven, Freigelassene, Familie, Frauen und Kinder, Patron und Klient), S. 108–109 (Schulen und Ausbildung).

W. Adelmaier, W. Reiter, M. Wandl: Geschichte erforschen. So lebten die Menschen im alten Rom. Wien 2005.

L. Carlson: Wir spielen Griechen und Römer. Mülheim/Ruhr 2000 (Anleitungen zum Herstellen und Anlegen einer Toga S. 101–111)
P. Connolly, H. Dodge: Die antike Stadt. Leben in Athen und Rom. Köln 1998.
K.-W. Weeber: Alltag im Alten Rom. Zürich 1995, s. v. Gaststätte, Imbissstuben.

Lektion 5–7
studeo – Wege zum Latein-Lernen. Hrsg. H. Krefeld. Berlin 2008, S. 32–36 (Spiele, Amphitheater, Circus), S. 37–41 (Thermen) und S. 73–74 (Verlauf einer Senatssitzung).

Th. Lissel: Das Forum Romanum. Leben im Herzen Roms. Düsseldorf 2004.

Lektion 8–10
studeo – Wege zum Latein-Lernen. Hrsg. H. Krefeld. Berlin 2008,
S. 83–84 (Prinzipat, Augustus), S. 86 (Der Begriff Kaiser; Nachfolger auf dem Kaiserthron), S. 98–99 (Olympische Götter), S. 131–133 (Caesar; Das Ende der Republik).

U. Baumann: Kleopatra. Reinbek 2003.
R. Goscinny: Die Lorbeeren des Cäsar.
R. Goscinny, A. Uderzo: Asterix Mundart: Am Cäsar sei Lorbeerkränzle (Schwäbisch).
G. Hafner: Bildlexikon antiker Personen. Düsseldorf 2001.
R. Goscinny, A. Uderzo: Asterix und Kleopatra (Asterix Bd. 2). Stuttgart 2004.

Film/DVD/Spiel:
Cleopatra (1963; Twentieth Century Fox; Regie J.L. Mankiewicz).
Asterix und Obelix: Mission Kleopatra (2002; UFA).
W. Lüdtke: Cäsar und Kleopatra. (1998, Strategiespiel).

Lektion 11–13
studeo – Wege zum Latein-Lernen. Hrsg. H. Krefeld. Berlin 2008, S. 84–85 (Ein Legionär des Augustus; Beruf: Soldat), S. 133–134 (Prinzipat; Nachfolgeregelung; Julisch-claudische Familie).

Römermuseum Haltern: 2000 Jahre Varusschlacht – Imperium. Haltern 2009

Bildnachweis

Cover Claudia Rothenberger, Frankfurt; **24** Stefan Kiefer/Intro; **25 ol** akg-images, **or** Claudia Rothenberger, Frankfurt, **ul** Anne Schoenharting/OSTKREUZ, **ur** Iris Kassner, Berlin; **26** akg-images/Peter Connlly; **27** akg-images/Nimatallah; **35, 37** Werner Schmidt, Berlin; **42 o** Wolfgang Korall/VISUM, **ul** akg-images/Erich Lessing, **ur** akg-images/Bildarchiv Steffens; **43 ol** shutterstock.com/mirtya, **or** Allianz Arena/B. Ducke, **ul** picture-alliance/augenklick/Lacy Perenyi, **um+ur** dpa-Report; **45 l** akg-images/Erich Lessing, **r** akg-images/Bildarchiv Steffens; **52 ul** picture-alliance/akg-images/Joseph Martin, **um** akg-images/Nimatallah, **ur** shutterstock.com/Denis Komilov; **58 o** Werner Schmidt, Berlin, **ul** imago/Zentrixx, **ur** ullstein bild – CARO/Sorge; **59 o+u** Werner Schmidt, Berlin; **69** Augusta Raurica, Augst; **72** bpk/Antikensammlung, SMB/Jlr; **74 u** imago/Jochen Tack; **75 o** Manfred Grohe, **u** Achim Keiper; **76 o** dpa-Report, **u** akg-images/Erich Lessing; **77** akg-images/Erich Lessing; **78 o** picture-alliance/Mary Evans Pi, **u** picture-alliance/akg-images; **79** www.bridgemanart.com; **107** akg-images/Rabatti – Domingie; **111** Werner Schmidt, Berlin; **112 o** akg-images/CDA/Guillemot, **u** Werner Schmidt, Berlin; **113** akg-images/Bildarchiv Steffens; **115** istockphoto.com/Paolo Gaetano Rocco.